BAHASA
TETANGGAKU

BAHASA TETANGGAKU

A NOTIONAL-FUNCTIONAL COURSE IN BAHASA INDONESIA

COURSEBOOK
STAGE
3

SECOND EDITION
IAN J. WHITE

LONGMAN

Addison Wesley Longman Australia Pty Limited
95 Coventry Street
South Melbourne 3205 Australia

Offices in Sydney, Brisbane and
Perth, and associated companies
throughout the world.

Copyright © Addison Wesley Longman Australia Pty Limited 1990, 1995
First published 1990
Reprinted 1992, 1993, 1994
Second edition 1995
Reprinted 1997

All rights reserved. Except under the conditions
described in the Copyright Act 1968 of Australia and
subsequent amendments, no part of this publication may be
reproduced, stored in a retrieval system or transmitted in
any form or by any means, electronic, mechanical,
photocopying, recording or otherwise, without the prior
permission of the copyright owner.

Designed by Sylvia Witte
Illustrated by Maria Yeap
Set in Palatino 11/13
Produced by Addison Wesley Longman Australia Pty Limited
Printed in China through Longman Asia
GCC/02

National Library of Australia
Cataloguing-in-Publication data

White, Ian J.
  Bahasa tetanggaku : a notional-functional course in
  Bahasa Indonesia. Coursebook. Stage 3.

  2nd ed.
  ISBN 0 582 80578 3.

  1. Indonesian language – Textbooks for foreign speakers –
  English. 2. Indonesian language – Usage. 3. Indonesian
  language – Problems, exercises, etc. I. Title.

499.22183421

The
publisher's
policy is to use
**paper manufactured
from sustainable forests**

Author's note

This is the third and final stage of *Bahasa Tetanggaku*, a notional–functional course designed to meet the needs of teachers wishing to use a communicative or functional approach in the teaching of Indonesian language. It is a continuation of stages *One* and *Two* and utilises the functions, vocabulary and grammar taught there. This book, which is intended to be used together with the *Bahasa Tetanggaku Workbook Stage Three*, seeks to extend the communication skills acquired during stages *One* and *Two*, to significantly increase the number of useful language functions upon which the student may draw and to provide some cultural insight into the country and its people.

Stage Three follows the same format as stages *One* and *Two*. It consists of seven topics of conversation calculated to stimulate the interest of young Australian students, and to provide situations which the student is likely to encounter in the Indonesian context. Each topic begins with an interesting background reading and then presents a range of language functions and grammar, all of which are loosely associated with the topic so that the overall objective of relevance is maintained. The number of new vocabulary items introduced is approximately equal to that in *Stage Two* and students should be reminded that, at whatever point they may be in the course, they should be learning the next vocabulary list. The complete vocabulary list at the end of the text should be used only sparingly. The grammatical component of *Stage Three* continues the study of the affixation system of Indonesian which was commenced in *Stage Two*, and formalises the students' knowledge of the object-focus structures. Students have been continually exposed to language functions expressed in object-focus construction since the beginning of *Stage One* and should therefore experience little difficulty in making the object-focus structures part of their internalised language base. The main thrust of the course, however, continues to be communicative and functional. Rather than learn about the language *per se* it is expected that students will acquire the language through the development of specific language functions, most of which are transferable to other situations.

Students who master *Bahasa Tetanggaku Stage Three* will have acheived an advanced level of language proficiency and will feel comfortable communicating in Indonesian on a wide range of topics. That is not to say that they will have learned all that there is to know about the language, but they will find that the *Bahasa Tetanggaku* course has provided a very solid basis for their communicative needs and, if they should so wish, a springboard for further formal studies in the language.

Bahasa Tetanggaku, in its three stages, is the culmination of my long-standing love affair with Indonesia and with the Indonesian people. I am convinced that if even a part of that love has been passed on to even a small number of students then the considerable amount of time and effort that has gone into the development of this course will have been well spent.

Acknowledgements

An enormous number of people, both in Australia and in Indonesia, have made invaluable contributions during the writing of *Bahasa Tetanggaku*. I must begin by thanking the two people whose willingness and generosity have never wavered, and without whose help I could not have written even the first stage of this course. Dr G. K. de Heer and Pak Dede Sujatna have spent untold hours proofreading the manuscripts of all three coursebooks and all three workbooks, and have been my constant reference on all matters both linguistic and cultural. There is nothing that I can ever do to repay them for their assistance. All that I can do is to say **'Pak Dede dan Pak Koen, terima kasih banyak'**.

I also wish to express my appreciation to all of the following very good friends: Barry and Elizabeth Gardner for their constant encouragement and practical help, Mrs Merrilee Murray who spent many hours proofreading the English sections of the text and making notes which helped to eliminate many of my errors, and Pak Poerwanto Danusugondo whose advice on cultural matters has been invaluable. It goes without saying, of course, that any errors in the text remain the responsibility of the author alone.

On the cassettes which accompany this course, the song 'Antara Anyer dan Jakarta' sung by Sheila Majid is reproduced with the permission of EMI (Malaysia) Sdn. Bhd. The gamelan music on the cassettes was made available by the Suara Naga Gamelan Group at the University of New England. All other music used on the recordings is used with the kind permission of the Sydney Institute of Education. The voices on the recordings are those of my friends and colleagues, Ibu Lily Djajamihardja, Ibu Yanti Idrus, Bapak Murtjono, Bapak Yono Abadi, and Ms Susan Edwards. I am extremely grateful for their assistance.

I am grateful, also, to the many people and companies in Indonesia who have provided authentic materials for inclusion in this book. I would particularly like to thank Ibu Pia Alisjahbana, the Director and Chief Editor of **Gadis** and **Femina** magazines, Ibu Lily Wibisono, the Editor of **Intisari** magazine and Ibu Celeste Kowik, the Marketing Manager at the Hotel Bali Hyatt.

Finally, but by no means least, I would like to express my very genuine appreciation to the Indonesian people, whom I have always found to be the very epitome of friendliness and generosity. It was they who provided the inspiration for me to write this course. I hope that I have done them justice.

Ian J. White
November 1995

Daftar isi

Topic	Language functions	Grammar points	Page
ONE **MUSIM**	Describing the weather		4
	Enquiring about the season		5
	Saying 'more and more'	**makin...makin...**	6
	Asking what people do in various seasons		8
	Saying what people do in various seasons		9
		Nouns formed using the **-an** suffix	11
	Asking 'What do I need to bring?'		16
	Saying what to bring		16
	Asking 'What do I need to wear?'		17
	Saying what to wear		17
	Asking 'Is this suitable?'		17
	Reminding		18
	Saying 'First of all'		18
	Saying 'It's the same with/in...'		19
		Verbs with **-i** suffix	19
	Setting out a letter		23
TWO **MUSIK**	Saying 'more and more'		32
	Saying what/who you are looking for		33
	Asking what/who people are looking for		33
		Pronouns	34
	Saying 'one of...'		36
	Saying 'the only one'		37
	Saying 'Whether or not... depends upon...'		37
		The object-focus sentence	38
	Emphasising		43
	Saying what you like		44

CONTENTS

	Asking what type of music people like	45
	Expressing mild surprise	45
	Asking permission to borrow something	45
	Responding	46
	Asking about favourites	47
	Indicating your favourite	48

THREE	Asking 'Who will bring...?'		54
BERTAMASYA	Asking 'Could you bring...?'		54
	Asking 'How will we get there?'		56
	Asking 'Who will we invite?'		56
	Saying who you have invited		56
		Uses of **yang**	58
	Asking 'What will we take?'		61
	Expressing hopes and wishes		61
	Object-focus questions		64
	Hiring something		66
	Emphasising		68
		Verbs with the **memper-** prefix	68

FOUR	Asking for a room with particular facilities	77
DI HOTEL	Describing the contents of rooms	79
	Saying what things are made from	79

CONTENTS

Enquiring about hotel services	79
Enquiring about the tariff	80
Emphasising the subject	81
Asking if there is anything on tonight	83
Asking what there is to do	84
Using the telephone	85
Dealing with confusion: Spelling	86
Conditionals: **kalau, jika, jikalau, andaikata**	88
Saying 'If it's no trouble'	89
Excusing yourself	89
Saying 'If you want to'	90
Requesting something	90
Prohibitions	91
Making a complaint	92

FIVE
MEDIA MASSA

Saying 'It's inevitable'	99
Saying 'at least'	99
Asking what programs are on television	100
Asking about somebody's favourite program	101
Asking what a particular program is about	101
Asking 'Do you like . . . . . ?	105
Describing television programs	107
Nouns formed with the **pe—an** combination	107
Asking 'What kind of film it is	110
Saying what kind of film it is	110
Asking 'What kind of films do you like?'	112
Quoting somebody	113
Saying 'I'm sick of hearing that!'	114

CONTENTS

Describing the contents of magazines 114

SIX	What to say: Special occasions	121
UPACARA	Asking 'What should I say?'	122
DAN	Explaining what to say	122
PERAYAAN	Nouns formed with the **per—an** combination	125
	Asking 'What should I wear?'	129
	Asking 'What gift should I give?'	130
	Giving gifts	130
	Receiving gifts	132
	How to say 'carry'	136
	Asking how to say something in Indonesian	137
	Prefix **se-** + reduplicated adjective + **-nya**	137

C O N T E N T S

SEVEN	Asking about maps and brochures	148
MELIHAT-LIHAT	Asking about places to see	149
DI PULAU BALI	Asking about guided tours	149
	Asking about the meaning of things that you do see	149
	Asking if you may take photographs	150
	Showing somebody around	153
	Describing objects and places	154
	Asking 'Is this seat taken?'	157
	Asking 'May I sit here?'	157
	Asking somebody if they remember	157
	Responding	157

DAFTAR KATA 160

TOPIC ONE

Musim

Seperti sudah kita ketahui, Indonesia adalah sebuah negara kepulauan yang terletak di daerah khatulistiwa. Oleh karena itu, cuaca dan musim di sana lain dari yang terdapat di Australia, khususnya di Australia sebelah selatan. Di Indonesia hanya ada dua musim, yakni musim hujan dan musim kemarau. Suhu udara di Indonesia tidak banyak berbeda. Sepanjang tahun, di kebanyakan tempat, suhu udara di antara 28 dan 32 derajat Celsius.

Dari bulan Desember sampai bulan Maret, angin bertiup dari arah utara. Karena sudah melewati daerah laut yang luas, angin itu membawa banyak hujan yang kemudian jatuh di kepulauan Indonesia. Kebanyakan hujan itu jatuh di wilayah Indonesia Barat dan Indonesia Tengah sehingga makin ke timur, tanahnya makin kering. Oleh karena itu, pulau-pulau yang terletak dekat Australia lebih kering dan di sana hampir tidak terdapat sawah. Musim hujan mulai pada bulan Desember dan berakhir pada bulan Maret. Selama musim hujan banyak hujan turun. Kalau hujannya terlalu banyak, mungkin terjadi banjir. Sungai-sungai dan parit-parit penuh dengan air sedangkan jalan-jalan, rumah-rumah, serta sawah-sawah kadang-kadang rusak karena banjir.

Dari bulan April sampai bulan November angin bertiup dari arah tenggara. Angin itu sudah melewati benua Australia yang sangat kering sehingga tidak membawa banyak hujan. Karena itu, dari bulan April sampai bulan November di Indonesia terdapat musim kemarau dan hujan lebih jarang turun. Sekali lagi kita melihat bahwa makin ke arah barat makin banyak hujannya karena angin itu telah melewati daerah laut. Akibatnya di tempat-tempat seperti Pulau Bali dan Pulau Jawa, ada cukup banyak hujan pada musim kemarau, walaupun tidak sebanyak atau selebat pada musim hujan.

TOPIC ONE

ARUS ANGIN PADA
MUSIM HUJAN

MUSIM

ARUS ANGIN PADA MUSIM KEMARAU

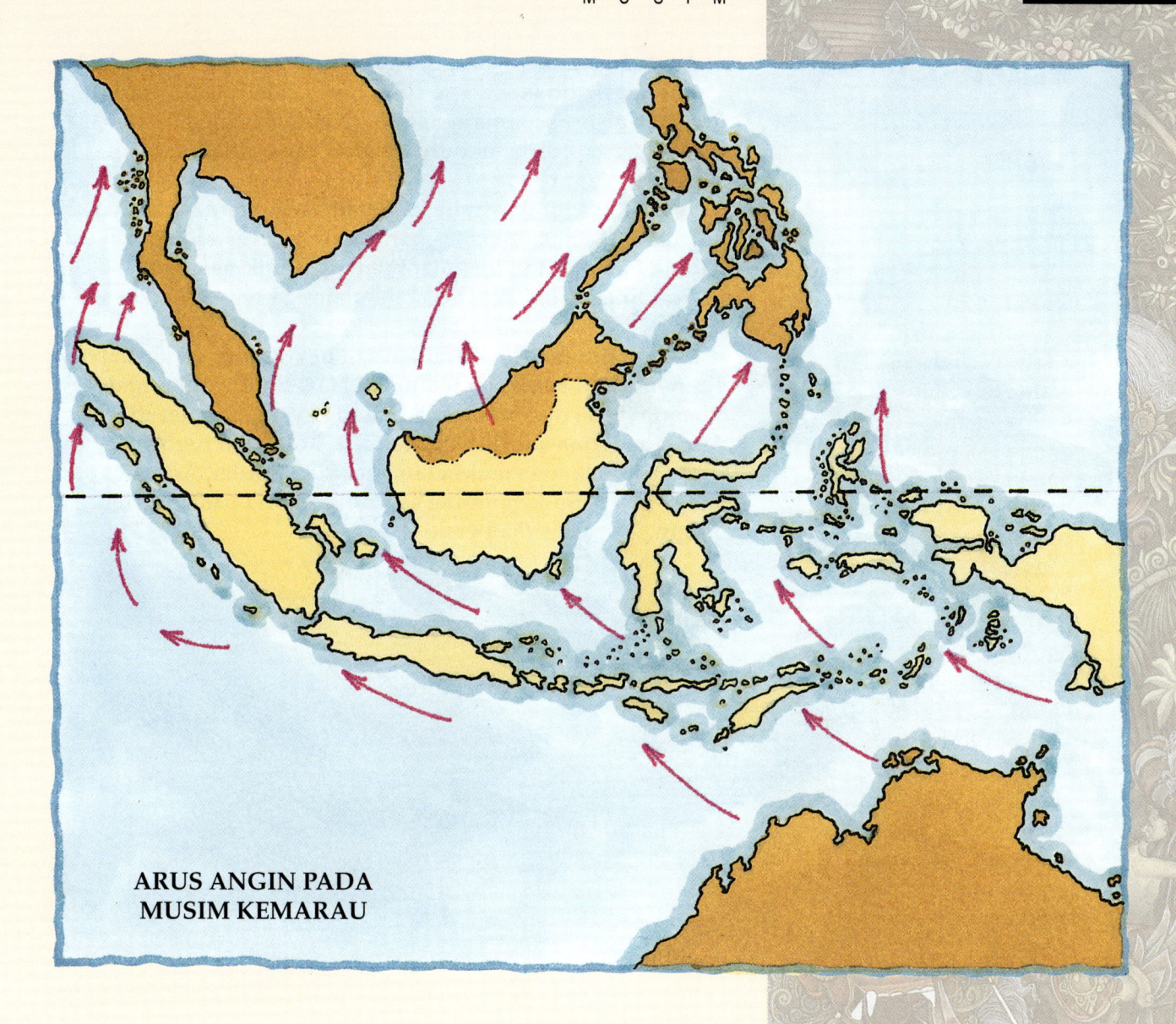

Sebaliknya, di Australia sebelah selatan terdapat empat musim, yakni musim panas, musim gugur, musim dingin, dan musim semi. Musim semi kadang-kadang juga disebut musim bunga karena pada musim itu bunganya banyak. Setiap musim tiga bulan lamanya, dan perbedaan di antara musim-musim itu sangat jelas. Pada musim panas suhu udara sangat panas; kadang-kadang mencapai empat puluh derajat Celsius atau lebih. Pada musim dingin udaranya lebih dingin, dan di puncak gunung yang tinggi di bagian selatan terdapat salju.

TOPIC ONE

Apakah kegiatan orang sangat terpengaruh oleh musim? Di Indonesia tidak, karena suhu udara rata-rata tiga puluh derajat Celsius sepanjang tahun. Olahraga yang populer seperti sepak bola atau bulu tangkis dapat dilakukan sepanjang tahun.

Sebaliknya, di Australia kegiatan sangat terpengaruh oleh musim. Pada musim panas banyak orang Australia suka pergi ke pantai atau ke kolam renang untuk berenang. Banyak juga yang suka bermain olahraga seperti kriket atau tenis.

Musim dingin di Australia tidak begitu dingin, kecuali di Tasmania and beberapa tempat di New South Wales and Victoria. Pada musim dingin olahraga yang populer di Australia termasuk futbal Australia, hoki, dan rugby. Dewasa ini sepak bola juga makin lama makin populer. Ada juga yang suka pergi ke gunung salju di Victoria pada musim dingin. Mereka suka berski di sana.

Pada musim hujan jalan-jalan seringkali kebanjiran. Kasihan tukang becak itu.

Describing the weather

In *Stage One* of this course we learned some basic ways of describing the weather. Do you remember?
   Cuaca hari ini sangat enak.
   Cuaca hari ini kurang enak.

There are, of course, other words which we can use to describe the weather.

Baru!

akibat result/consequence
angin wind
arah direction
banjir a flood
benua continent
berski to ski
bertiup to blow
futbal football (the game)
hoki hockey
iklim climate
jatuh to fall
jelas clear/obvious
kepulauan archipelago
kering dry
khatulistiwa the equator
lebat thick/dense
melewati to pass by/pass over
mencapai to achieve/reach
musim season
musim bunga spring (the season)
musim dingin winter
musim gugur autumn
musim hujan the rainy season
musim kemarau the dry season
musim panas summer
musim semi spring (the season)
terpengaruh to be influenced

MUSIM

Contoh: Hari ini panas sekali.
Hawa di sini lembab sekali.
Udara di puncak gunung ini dingin sekali.
Hari ini cuaca di kota Denpasar basah sekali.

We have seen, however, that it is common to emphasise a part of a sentence by placing it at the beginning of the sentence. If we want to emphasise the adjective (the description) then we should place it at the beginning. Often we will combine the sentence with an exclamation.

Contoh: Wah! Panas sekali hari ini.
Wah! Lembab sekali hawa di sini.
Wah! Dingin sekali udara di puncak gunung ini.
Wah! Basah sekali cuaca di kota Denpasar hari ini.

Study the weather forecast on this page which is taken from an Indonesian newspaper. You should be able to understand most of it.

Baru!

parit ditch/trench/gutter
perbedaan the difference
rata-rata on the average
rusak damaged
salju snow
sebaliknya on the contrary
sepanjang along/throughout
sungai river
tanah land/ground
wilayah region
yakni that is/namely

CUACA HARI INI

SURABAYA: Cuaca di Surabaya dan sekitarnya umumnya berawan dan hujan. Suhu maksimum 29°C dan minimum 23°C. Angin bertiup dari arah barat daya dengan kecepatan rata-rata 12 km sejam menurut prakiraan Badan Meteorologi dan Geofisika Departemen Perhubungan.

Enquiring about the season

To ask what season it is, or what season it will be, use the phrase **musim apa**?

Contoh:
Sally: Sekarang bulan Agustus. Musim apa di Pulau Bali?
Ketut: Sekarang musim kemarau. Tiga bulan lagi musim hujan mulai.
Sally: Saya bermaksud berkunjung ke Pulau Bali pada bulan Februari. Musim apa pada bulan Februari?
Ketut: Pada bulan Februari masih tetap musim hujan.

TOPIC ONE

Saying 'more and more'

Often we need to say that something is happening more and more all the time. For example, 'It is getting hotter and hotter', or 'The price of clothing is getting more and more expensive'.

Indonesian has a special language construction designed to convey this function. We use the construction **makin ... makin ...**, meaning 'the more ... the more ...'

Perhaps the most common form of this construction uses the word **lama** following the first occurence of **makin**. In this case what we are really saying is 'the more time goes on the more ...'

Contoh: i) **Harga barang-barang makin lama makin mahal.**
ii) **Petani itu makin lama makin miskin.**
iii) **Pulau Bali makin lama makin populer sebagai tempat pariwisata.**
iv) **Kota Denpasar makin lama makin ramai.**

It is, however, not necessary to use the word **lama**. In its place we are able to substitute other adjectives, but the same principle still applies. We are stil saying 'the more ... the more ...'

Contoh: i) **Petani itu makin tua makin miskin.**
ii) **Anak itu makin besar makin kuat.**
iii) **Gadis itu makin tua makin cantik.**
iv) **Makin dekat angin ribut itu makin keras guntur dan halilintarnya.**

In the next topic we will see another very similar construction which can be used to convey this language function.

MAKIN DEKAT, MAKIN YAKIN DENGAN CLOSE-UP

Close Up, pasta gigi bening pertama dengan fluoride dan bahan penyegar mulut untuk gigi putih lebih kuat, nafas segar meyakinkan.

- Close Up gel pasta gigi bening dan segar. Mengandung bahan penyegar mulut - menjadikan nafas segar lebih lama.
- Close Up gel mengandung fluoride, membuat gigi putih lebih kuat.
- Saat-saat berdekatan, Anda bahkan makin yakin karena... Close Up gel!

PASTA GIGI GEL FLUORIDE
CLOSE·UP
GIGI PUTIH KUAT • NAFAS SEGAR MEYAKINKAN
GEL TOOTHPASTE
FLUORIDE GEL TOOTHPASTE
CLOSE·UP
FAMILY SIZE
STRONG WHITE TEETH • FRESH BREATH CONFIDENCE

Gigi putih lebih kuat, nafas segar meyakinkan.

Asking what people do in various seasons

In *Stage Two* we learned how to ask people what they are doing using the following structure:

Apa yang kamu lakukan?
atau
Apa yang kamu kerjakan?

You should remember that if you want to ask what somebody else (a third person) is doing, then you need to use a slightly different construction:

Apa yang dilakukannya?
atau
Apa yang dikerjakannya?

If we want to be more specific and ask what somebody does/did at a particular time then it is simply a matter of adding an adverbial phrase of time to the end of the question.

Contoh:
i) **Apa yang kamu lakukan kemarin?**
ii) **Apa yang dilakukan mereka pada hari Sabtu?**
iii) **Apa yang kamu kerjakan pada akhir minggu?**

To ask what people do during particular seasons simply use the name of the season as your adverbial phrase of time.

Contoh:
i) **Apa yang dikerjakan oleh para petani pada musim hujan?**
ii) **Apa yang dilakukan oleh para petani pada musim kemarau?**
iii) **Apa yang dilakukan oleh pemuda-pemudi di Australia pada liburan musim panas?**

MUSIM

Saying what people do in various seasons

To respond to this type of question it is usually easiest to commence with your adverbial phrase of time.

Contoh:
Ketut: Apa yang dilakukan oleh pemuda-pemudi di Australia pada liburan musim panas?
Sally: Pada liburan musim panas kami suka berenang di pantai.

Pada musim hujan Pak Suyanto harus membajak sawahnya. Dia harus membajak sawahnya segera sesudah musim hujan mulai. Untuk membajak sawah Pak Tani biasanya menggunakan dua ekor kerbau.

Pada musim kemarau penduduk desa harus memanen padi. Memang Pak Tani tidak bekerja sendiri tetapi dibantu oleh semua penduduk desa. Sistem bekerja sama ini disebut gotong-royong.

Baru!

angin ribut a storm
basah wet/soaked
bekerja sama to cooperate/work together
berbeda different
bermaksud to intend
dibantu to be helped
gotong-royong mutual cooperation/mutual aid
guntur thunder
halilintar lightning
hasil result/produce/product
hawa climate/air
kerbau demosticated water buffalo
kuat strong
lembab humid
memanen to harvest something
membajak to plough
mulainya the beginning/commencement
padi rice plant
ribut commotion/bustle (see **angin ribut**)
sebab because/the reason
segera immediate
sistem system
sulit difficult/complicated
tersebar spread out

Cultural note

Gotong-royong

Di Indonesia, khususnya di desa-desa dan kota-kota yang kecil, kita sering melihat orang bekerja sama. Misalnya penduduk desa membantu orang lain membuat jalan yang baru, memperbaiki rumah, memanen padi di sawah dan lain-lain. Orang yang membantu tidak dibayar, tetapi mereka biasanya diberi makanan dan minuman oleh orang yang dibantu. Sistem bekerja sama ini disebut gotong-royong. Sayang sekali di kota-kota besar orang jarang bergotong-royong karena kehidupan di kota besar terlalu ramai. Awas, hati-hati! Kalau ada ujian di kelas jangan bergotong-royong!

Seorang petani jarang sendirian saja memanen padi di sawahnya. Biasanya penduduk desa begotong-royong untuk memanen padi.

MUSIM

Nouns formed using the -an suffix

In *Stage Two* we learned how to change adjectives into abstract nouns by adding the **ke—an** combination. Here we are going to look at another way to create nouns, i.e, by use of the **-an** suffix (without the **ke-** prefix).

Generally speaking, nouns formed by the addition of the **-an** suffix are common nouns, whereas those formed by use of the **ke—an** combination were mostly abstract nouns (see *Stage Two*, page 50).

The **-an** suffix can create nouns when added to certain root words which are:

verbs
nouns
adjectives } (a few only)
numerals

Nouns formed from verb root words + -an

By far the majority of nouns formed with the **-an** suffix are formed from the root words of transitive verbs. The meanings attached to these nouns fall into a number of categories.

1. Nouns denoting the object of the action expressed in the root word.

Pak Tani sering menggunakan gerobak sapi untuk mengangkut barangnya. Gerobak ini sedang mengangkut beras yang baru saja dipanen. Angkutan ini berat sekali.

TOPIC ONE

Here are some more examples.

i) **jualan**   Pak Umar menjual buah-buahan dan sayur-sayuran di pasar. Jualannya selalu segar.
ii) **makanan**   Silakan makan. Makanan ini disiapkan oleh ibu saya.
iii) **minuman**   Pada musim kemarau kami sering merasa haus. Kalau ingin minum kami membeli minuman dari warung dekat rumah kami.
iv) **ajaran**   Untuk kaum Muslimin ajaran Nabi Mohammad sangat penting.
v) **pakaian**   Waktu bersembahyang kaum Muslimim seharusnya memakai pakaian yang bersih dan rapi.

Di pesta itu Ibu Sulaiman menghidangkan bermacam-macam makanan dan minuman. Enak sekali hidangan itu!

2. Nouns denoting the result of the action expressed in the root word

Contoh:

i) **hiburan**   Jenis hiburan di kota-kota besar di Indonesia cukup banyak.
ii) **kumpulan**   Nyoman mengumpulkan prangko. Kumpulannya sangat berharga.
iii) **bagian**   Di setiap bagian kota terdapat sebuah kantor polisi.
iv) **tulisan**   Hasan selalu menulis dengan cepat. Karena itu, tulisannya kadang-kadang sukar dibaca.
v) **masakan**   Ibu Sujiman sering memasak kue lapis. Masakannya selalu enak.

MUSIM

vi) bantuan Marilah kita minta bantuan dari polisi itu.
　　　　　　Dia tentu akan membantu kita.
vii) jawaban Hasan menjawab pertanyaan guru itu,
　　　　　　tetapi jawabannya salah.
viii) tabungan Setiap bulan saya menabung uang di bank,
　　　　　　tetapi tabungan itu belum banyak.

TOPIC ONE

Agung adalah seorang penari Bali. Setiap hari dia menari untuk wisatawan yang datang ke kota Peliatan untuk menonton tarian Barong.

Note:
There are several other meanings sometimes associated with nouns formed from verb root words + **-an** suffix, but the number of words in these categories is quite small and they are best learned as they are encountered.

Nouns formed from noun root words + -an suffix

The **-an** suffix can be attached to a few nouns (usually units of time/measurement) to denote something occurring periodically and regularly as indicated in the root word.

Contoh:

bulanan *Intisari* **adalah sebuah majalah bulanan. Setiap bulan ada edisi baru.**

MUSIM 15

Kompas adalah nama sebuah harian di Indonesia. Setiap hari surat kabar itu dibaca oleh ribuan orang.

Nouns formed from adjective root words + -an suffix

The **-an** suffix can be attached to a few adjectives to denote something having the characteristic contained in the root word.

Contoh:

i) manisan — Anak-anak suka makan manisan. Manisan adalah bahan makanan yang manis, misalnya permen, buah-buahan dan lain-lain.

ii) kotoran — Daerah ini sangat kotor. Di mana-mana ada kotoran.

iii) bundaran — Di tengah-tengah perempatan yang ramai itu ada sebuah bundaran.

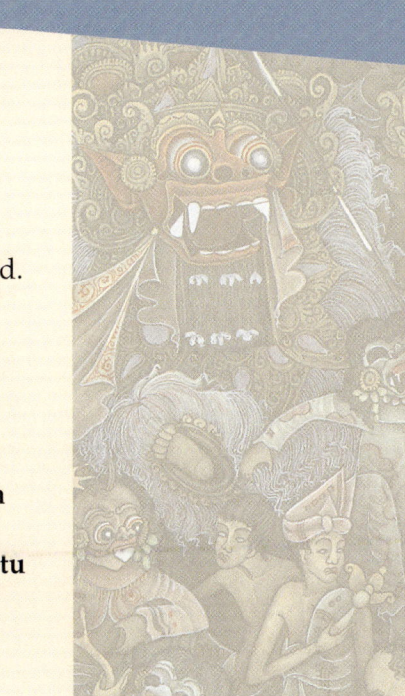

TOPIC ONE

Nouns formed from numerals + -an suffix

The **-an** suffix can be attached to a few numerals to denote an appropriate amount/date/year as indicated in the root word.

Contoh:

i) **belasan orang** — Di stasiun bus itu ada belasan orang *(yaitu di antara sebelas dan sembilan belas orang)* yang menunggu bus.

ii) **orang belasan tahun** — Orang belasan tahun berumur di antara sebelas dan sembilan belas tahun.

iii) **puluhan** — Petani itu sangat kaya. Dia mempunyai puluhan ekor sapi.

iv) **ratusan** — Ratusan orang sedang menonton tarian yang indah itu.

v) **ribuan** — Setiap hari Sabtu ribuan orang menonton pertandingan sepak bola di stadion itu.

Asking 'What do I need to bring?'

If you want to ask somebody what you need to bring (or take), you can ask:

Apa yang perlu saya bawa?
atau
Apa yang harus saya bawa?
atau
Apa yang seharusnya saya bawa?

Saying what to bring

To tell somebody what they should bring, say:
Sebaiknya Anda membawa...

Contoh:
Sally: Kalau mengunjungi Pulau Bali pada bulan September nanti, apa yang perlu saya bawa?
Ketut: Sebaiknya Anda membawa pakaian yang tipis saja. Karena bulan September musim kemarau, tidak perlu membawa payung atau jas hujan.

Asking 'What do I need to wear?'

If you are invited somewhere you might need to ask somebody what you should wear. The contruction is the same as asking 'What do I need to bring?'. To ask what you should wear you can ask:

> Apa yang perlu saya kenakan?
> *atau*
> Apa yang harus saya kenakan?
> *atau*
> Apa yang seharusnya saya kenakan?

Saying what to wear

To tell somebody what they should wear, say:

> Sebaiknya Anda mengenakan ...

Contoh:
Richard: Saya telah diundang ikut ke pesta di rumah Pak Mahmud nanti malam. Apa yang seharusnya saya kenakan?
Zainal: Sebaiknya Anda mengenakan baju, celana panjang, dengan kaus kaki dan sepatu. Jas dan dasi tidak perlu.

Asking 'Is this suitable?'

To ask if you are suitably dressed, say:

> Apakah pakaian ini pantas?

The answer will probably be either:

> Memang, pantas.
> *atau*
> Kurang pantas. Sebaiknya Anda mengenakan ...

Baru!

belasan between 11 and 19
bulanan something occurring monthly
dibaca to be read
di mana-mana everywhere/all over the place
edisi an edition
harian a daily (newspaper)
hidangan dishes/food served up
jawaban an answer/reply
jualan merchandise
kaus kaki socks
kenakan wear (*see* **mengenakan**)
kotor dirty
kotoran filth
kumpulan a collection
langit the sky
manisan sweets
mas dear (term of affection)
mendung overcast/cloudy
mengenakan to wear/put on
menulis to write
Nabi Muhammad the prophet Muhammad
pantas suitable/appropriate
pertanyaan a question
puluhan dozens of
ratusan hundreds of
ribuan thousands of
tabungan money box/savings account/savings
tipis thin (of cloth/clothing)
tulisan writing/written word

TOPIC ONE

Reminding

To remind somebody of something you can use the phrase '**Jangan lupa ...**'

Contoh: **Jangan lupa mengenakan topi. Kalau tidak nanti kepanasan.**

Jangan lupa membawa payung, Mas. Langit mendung. Jangan-jangan nanti hujan.

Saying 'First of all'

A language function which we use quite often is 'First of all, let's do this' or 'The first thing we need to do is ...' To say this in Indonesian simply say **pertama-tama**.

Contoh: i) **Besok malam kita akan berpesta di rumah. Banyak sekali yang harus kita siapkan. Pertama-tama kita harus menyiapkan makanan untuk para tamu.**
ii) **Pertama-tama marilah kita memasak kue-kue dan menyiapkan kacang goreng untuk mereka yang menyukainya.**

Saying 'It's the same with/in ...'

The phrase **demikian juga** literally means 'It is also so' or 'likewise'. It is a handy phrase to use when you want to indicate that the same condition applies to two places, or two people.

Contoh: **Di Pulau Bali cukup banyak hujan turun sepanjang tahun. Demikian juga di Pulau Jawa, tetapi di Pulau Timor, pada musim kemarau, hampir tidak turun hujan.**

Nina berumur delapan belas dan suka menari. Demikian juga kawannya Dewi.

Verbs with -i suffix

Many verbs which take a **me-** prefix (or a **di-** prefix in their passive form) can also take the **-i** suffix. The function of the **-i** suffix, like the **-kan** suffix, is to create transitive verbs. This means that in their active form (**me—i**) they will usually be directly followed by the object.

However, the meanings associated with the **-i** suffix are somewhat different to those associated with the **-kan** suffix, as we shall see.

The addition of the **-i** suffix implies a close relationship between the verb and the object. It shows the verb *directly* affecting the object. Sometimes it is useful to think of the **-i** suffix turned on its side (⊶). Now it looks like a gun firing the bullet at the next word, the object. It is having a *direct* effect upon the object. Study the sentence given together with the photograph of Nyoman working in his garden, and observe how the **-i** suffix is directly affecting the object.

Pada musim kemarau Nyoman harus lebih sering menyirami kebunnya.

TOPIC ONE

Verbs with -i suffix formed from intransitive verbs

Contoh: **duduk**   to sit
Marilah kita duduk di sini.

mendudukkan   to seat somebody/something somewhere
Ibu mendudukkan bayinya di kursi kecil.

menduduki   to sit on or in something/to occupy
Dari tahun 1942 sampai 1945 tentara Jepang menduduki Indonesia.

Setiap pagi murid-murid di sekolah menaikkan bendera Merah Putih.

Mereka sedang menaiki kuda. Dengan kuda itu mereka akan mendaki gunung Bromo sampai ke puncaknya.

tidur   to sleep
Adik saya sedang tidur di atas tikarnya.

menidurkan   to put someone to sleep
Isteri petani itu telah menidurkan bayinya.

meniduri   to sleep upon something
Adik saya sedang meniduri tikarnya.

Verbs with -i suffix formed from nouns

Contoh: **air**   water
mengairi   to apply water/to irrigate
Petani itu harus mengairi sawahnya.

obat   medicine
mengobati   to apply medicine/to treat
Tugas seorang juru rawat adalah mengobati orang yang sakit.

hujan   rain
menghujani   to shower somebody/something
Tentara itu menghujani musuhnya dengan peluru.

Verbs with -i suffix formed from adjectives

Contoh: **dekat**   close
Marilah kita duduk di meja dekat jendela itu.

mendekatkan   to move something closer
Kami mendekatkan kursi ke meja itu.

mendekati   to approach something
Pelayan sedang mendekati meja.

Sometimes the difference in meaning between the **-i** suffix and the **-kan** suffix is difficult (if not impossible) to detect. This seems to be particularly so with verbs formed from adjective root words. By comparing the two sentences given in the next example it will be seen that logically there can be very little difference in some cases.

panas   hot
memanaskan   to make something hotter
memanasi   to heat something
Ibu sedang memanasi susu untuk bayinya.
Ibu sedang memanaskan susu untuk bayinya.

Certain root words are only ever used with the suffix **-i**.

Contoh: **memperbaiki**   to repair something
Petani itu harus memperbaiki tanggul sawahnya sebelum mulainya musim hujan.

memperbarui   to renew something
Tahun in saya harus memperbarui kartu penduduk saya.

Verbs with -i suffix formed from transitive verbs

Some verbs which are already transitive in their own right can also have the **-i** suffix added to them. In these cases the suffix does not usually change the basic meaning of the verb, but gives the added meaning of repetitive action, or has the effect of making the object plural.

Contoh: **membukai**
Karena panas, kami membukai jendela.

memukuli
Anak yang nakal itu memukuli anjingnya.

menutupi
Pada jam dua sore, pegawai kantor itu menutupi pintu kantor.

MUSIM

Setting out a letter

Surat kepada teman biasanya mulai dengan:
... yang baik,
atau
Temanku yang baik,

Nama tempat dan tanggal ditulis di bagian atas surat. Biasanya tidak perlu menulis alamat pengirim.

Melbourne
21 Agustus 1995.

Ketut yang baik,

Pertama-tama saya minta maaf karena sudah lama tidak menulis surat kepada Ketut. Maklumlah sangat sibuk di sini belajar untuk ujian, maupun menyiapkan diri untuk perjalanan ke Pulau Bali nanti.

Sekarang persiapan itu hampir selesai semuanya. Kemarin saya pergi ke kantor Garuda untuk membeli tiket pesawat terbang sehingga sekarang bisa memberitahu Ketut bahwa saya akan tiba di Pulau Bali dengan pesawat Garuda GA625 yang akan tiba di pelabuhan udara Ngurah Rai jam 1700 tanggal 25 September. Jangan lupa menjemput saya di pelabuhan udara, ya!

Saya ingin bertanya juga, apa yang harus saya bawa? Kata seorang teman saya, pakaian tipis saja yang cocok di Pulau Jawa. Apakah demikian juga di Pulau Bali? Kalau bisa, harap segera memberitahu saya dengan surat sebelum saya berangkat.

Sekian dulu, Tut. Sampai berjumpa lagi tanggal 25 September. Sampaikan salam saya kepada ibu bapakmu.

Salam hangat,
Sally.

Surat kepada teman biasanya berakhir dengan:
Salam saya,
atau
Salam hangat,
atau
Wasalam,

TOPIC ONE

Alamat penerima harus ditulis di bagian depan amplop.

Di sudut kanan atas amplop dilekatkan perangko.

Alamat pengirim harus ditulis di bagian belakang amplop.

Nomor rumah harus ditulis sesudah nama jalan.

MUSIM

What have we learned in this topic?

In this topic, **Musim**, we have learned a large list of new words, a lot of useful language functions, and several new points of grammar.

All of these are listed below for your revision purposes. If you revise all of this material carefully you should have no difficulty with the speaking, listening, reading, and writing tests which your teacher will be giving you shortly.

Functions

1. Describing the weather
2. Enquiring about the seasons
3. Saying 'more and more'
4. Asking what people do in various seasons
5. Saying what people do in various seasons
6. Asking what you need to bring
7. Saying what to bring
8. Asking what you need to wear
9. Saying what to wear
10. Asking 'Is this suitable?'
11. Reminding
12. Saying 'First of all'
13. Saying 'It's the same in/with...'
14. Setting out a letter

Grammar

1. more and more
   makin...makin...
2. Nouns formed with **-an** suffix
3. Verbs with **-i** suffix

Vocabulary

alamat an address
bayi baby
cocok appropriate/suitable
demikian it is so/thus
demikian juga so too
dilekatkan stuck on
diri self (abbreviated form of **sendiri**)
kacang peanuts
memanasi to heat something
memanaskan to heat something
membukai to open something (plural objects)
memperbarui to renew something
memukuli to hit (repeatedly)
mendekatkan to move something closer
menduduki to sit in/occupy
mendudukkan to sit something or somebody somewhere
mengairi to apply water/irrigate
menghujani to shower somebody with something
mengobati to apply medicine/treat
meniduri to sleep on something
menidurkan to put someone to sleep
menjemput to meet
menutupi to close something (plural objects)
menyirami to spray with water
menyukai to like something
musuh enemy
peluru bullet
penerima receiver/addressee
persiapan preparations
sampaikan pass on/convey (see **menyampaikan**)
sekian dulu that's all for now
siapkan to prepare (see **menyiapkan**)
sibuk busy
sudut a corner
tanggul dike/embankment
tikar mat of woven grass

TOPIC TWO

Musik

Hiburan yang terdapat di Indonesia cukup banyak macamnya, khususnya di kota-kota besar. Di sana kita dapat menikmati beraneka macam hiburan di bioskop, gedung sandiwara, disko, klub malam, dan lain-lain. Di semua tempat itu kita akan mendengar musik, dan memang jenis musik yang terdapat di Indonesia banyak juga. Ada musik daerah yang tradisional dan ada pula musik yang lebih modern.

Orkes angklung

Pemain rebab dan pemain suling

MUSIK

Di antara musik daerah Indonesia mungkin yang paling terkenal adalah gamelan, yang seringkali digunakan untuk mengiringi pertunjukan wayang atau tarian. Seperangkat gamelan terdiri dari berjenis-jenis alat musik. Seperangkat kecil mungkin terdiri dari tiga belas alat musik saja, sedangkan yang besar mungkin sampai tujuh puluh lima alat musik diiringi oleh lima belas penyanyi dan tiga penyanyi tunggal. Dalam seperangkat gamelan kebanyakan alat musiknya adalah alat yang ditabuh dengan alat pemukul, atau dengan tangan saja. Memang kata gamelan berasal dari kata bahasa Jawa '*gamel*', yang berarti tidak lain daripada alat pemukul. Kendang, gambang, dan gong; semuanya alat musik yang ditabuh. Dua alat musik dalam seperangkat gamelan yang tidak ditabuh adalah rebab dan suling. Rebab adalah semacam biola bertali dua, sedangkan suling adalah sebuah alat yang harus ditiup untuk menghasilkan suaranya yang bagus sekali. Suling terbuat dari bambu. Kalau mengadakan perjalanan di Indonesia kita pasti akan mendengar musik gamelan, tetapi pada telinga orang asing, khususnya pada waktu mendengarkannya untuk pertama kali, gamelan aneh sekali bunyinya. Baru sesudah berkali-kali mendengarkannya kita dapat mulai menghargai dan menikmatinya.

Sejenis musik daerah yang lain adalah musik angklung yang berasal dari Jawa Barat. Angklung terbuat dari bambu dan untuk memainkannya, angklung harus digoyang-goyangkan supaya berbunyi. Ada yang besar, ada yang kecil, dan setiap angklung mempunyai suara sendiri. Biasanya setiap pemain hanya memainkan satu angklung saja sehingga untuk menghasilkan sebuah lagu diperlukan sedikit-dikitnya sepuluh pemain. Seringkali orkes angklung terdiri dari seratus pemain atau lebih. Di kota Bandung, ibu kota propinsi Jawa Barat, terdapat beberapa tempat di mana kita dapat mendengarkan musik angklung. Mungkin yang paling baik di antaranya adalah rumah Pak Ujo di Jalan Pada Suka. Pak Ujo membuat dan menjual bermacam-macam alat musik dari bambu, termasuk juga angklung.

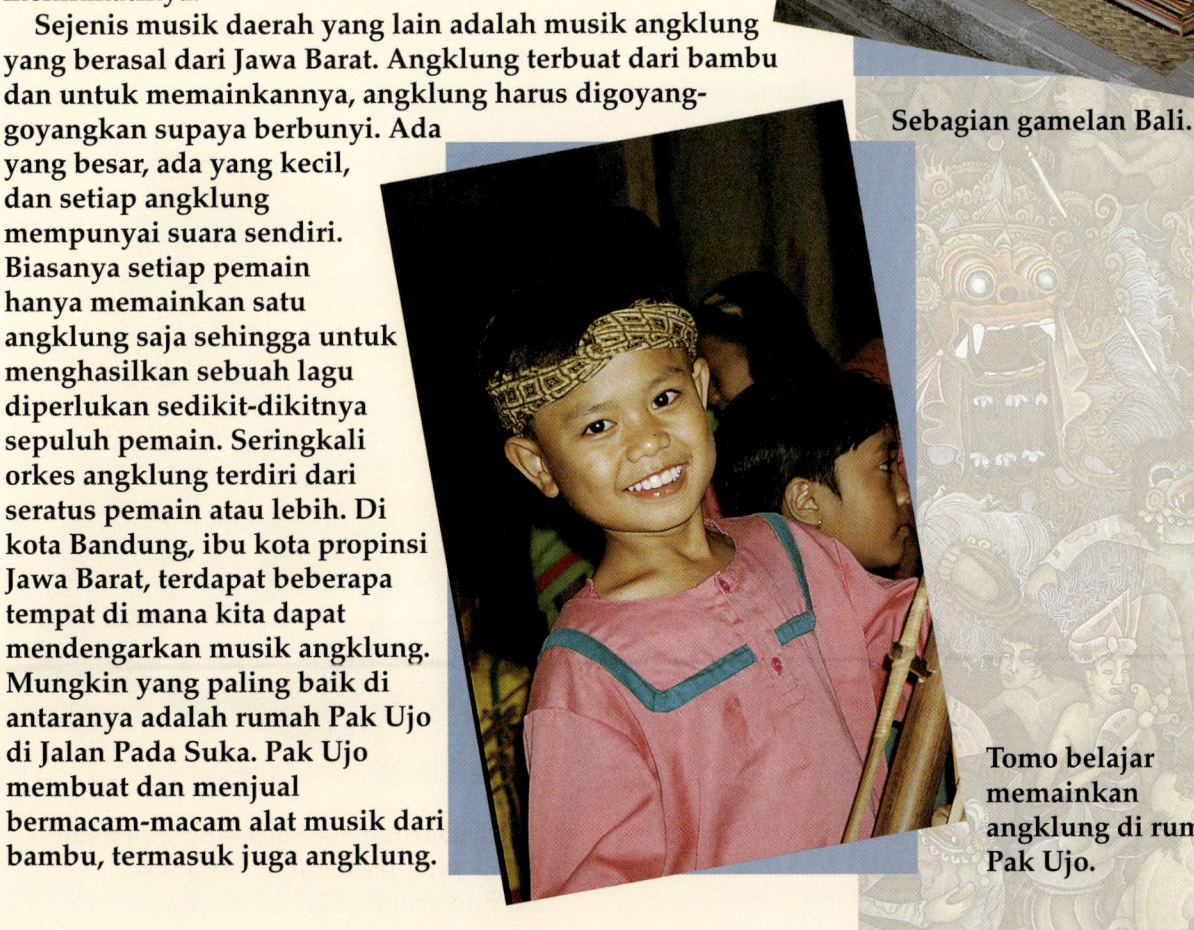

Sebagian gamelan Bali.

Tomo belajar memainkan angklung di rumah Pak Ujo.

Baru!

alat musik
 musical instrument
alat pemukul
 striking implement/hammer
aneh strange
band a band
berarti to mean
berdansa
 to dance (Western style)
berjenis-jenis
 many kinds of
berkali-kali
 time after time
bertali
 having strings/stringed
biola a violin
campuran a mixture
cuma-cuma
 free/without charge
digoyang-goyangkan
 to be shaken
diiringi
 to be accompanied
diperlukan
 to be needed
disangkal to be denied
ditabuh to be hit/struck
ditiup to be blown
gambang
 xylophone-like instrument
gong a gong
kendang type of drum

TOPIC TWO

Tetapi kegiatan beliau tidak berakhir di sini saja. Puluhan anak yang tinggal di sekitar rumah Pak Ujo datang ke rumah beliau setiap hari untuk belajar memainkan angklung. Pak Ujo mengajar anak-anak itu dengan cuma-cuma. Mereka tidak perlu membayar apa-apa, tetapi kalau ada wisatawan yang datang untuk mendengarkan musik anklung, maka anak-anak itu harus mengadakan pertunjukan orkes angklung untuk wisatawan itu. Kalau Anda mengunjungi kota Bandung, jangan lupa berkunjung ke rumah Pak Ujo untuk mendengarkan musik yang bagus itu.

Selain musik daerah, musik pop juga sangat populer di antara orang Indonesia, khususnya di antara pemuda-pemudi. Di toko-toko atau di pasar kita dapat membeli CD atau kaset dengan lagu yang terbaru, baik dalam bahasa Indonesia maupun dalam bahasa Inggris. Banyak sekali di antara musik pop dalam bahasa Indonesia adalah musik yang disebut musik gaya keroncong. Sebenarnya musik keroncong adalah campuran gaya musik Eropa, Afrika, dan Indonesia, tetapi tidak dapat disangkal bahwa dasarnya adalah musik rakyat Portugis. Dewasa ini gaya keroncong itu banyak digunakan sebagai dasar lagu-lagu Indonesia, khususnya lagu romantis. Musik pop dalam bahasa Inggris pun makin lama makin populer. Di kota-kota besar kita dapat mendengarkan penyanyi pop sambil berdansa di klub malam atau di disko. Penyanyi pop biasanya diiringi oleh band atau orkes kecil.

Euis Darliah adalah seorang penyanyi pop yang terkenal di Indonesia.
(Photograph courtesy *Kompas*)

MUSIK

Kendang

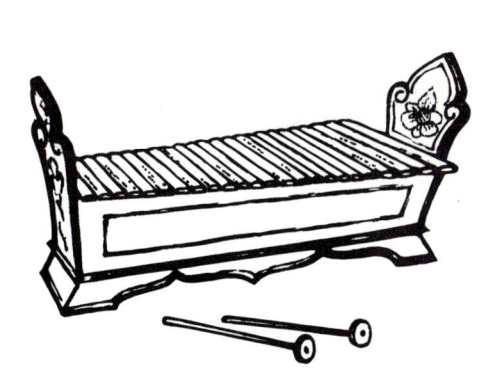

Gambang

Gong

Baru!

keroncong
   a style of popular Indonesian music
klub malam   night club
memainkan
   to play (an instrument etc.)
mengajar
   to teach somebody
menghargai
   to appreciate/to value
menghasilkan
   to produce something
mengiringi
   to accompany
orkes   orchestra
perangkat   equipment
rebab
   type of stringed instrument
romantis   romantic
suling   flute
tunggal   singular/solo
wayang golek
   wooden puppet

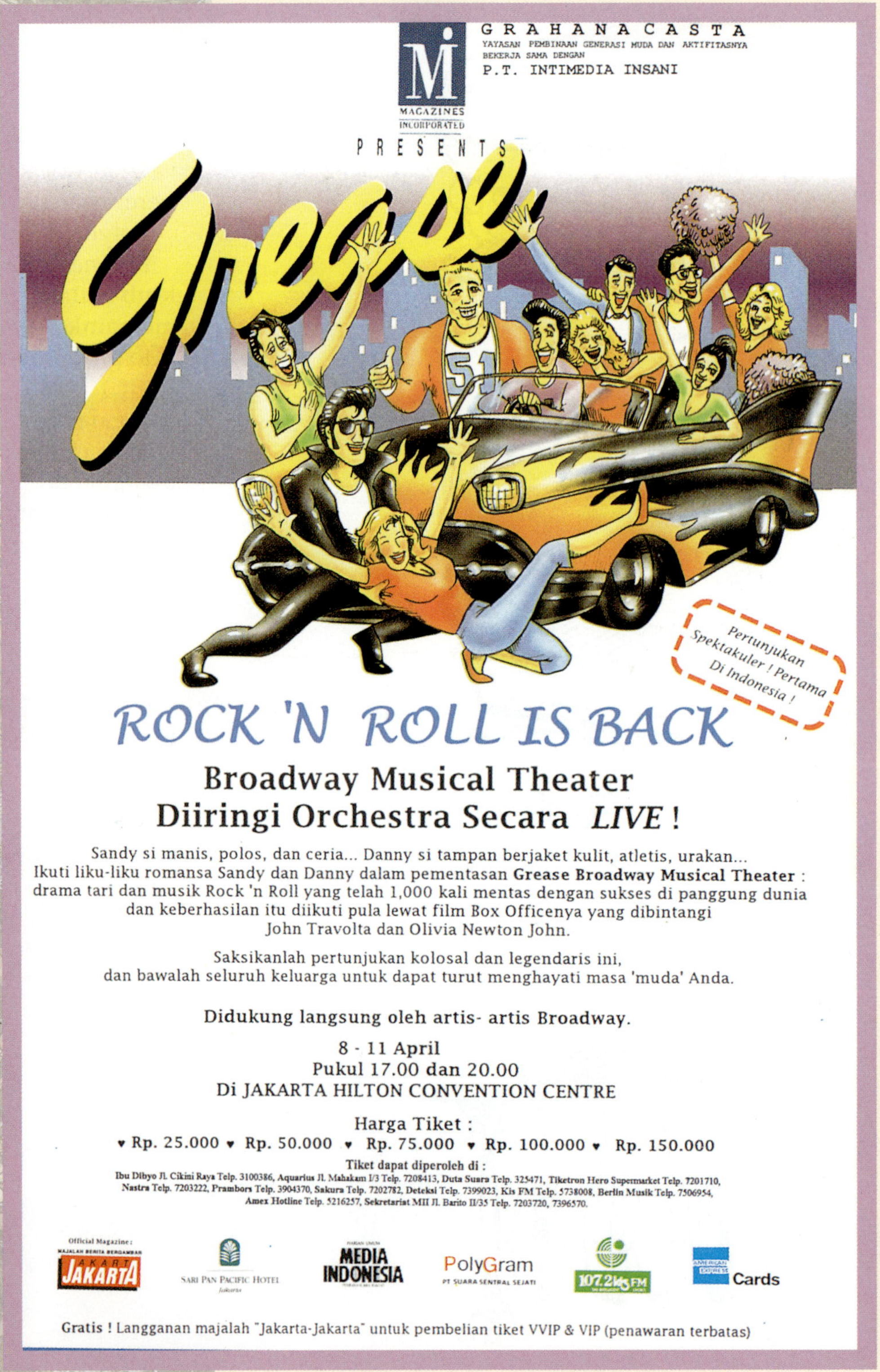
MAGAZINES INCORPORATED
GRAHANACASTA
YAYASAN PEMBINAAN GENERASI MUDA DAN AKTIFITASNYA
BEKERJA SAMA DENGAN
P.T. INTIMEDIA INSANI
PRESENTS
Grease
Pertunjukan Spektakuler ! Pertama Di Indonesia !
ROCK 'N ROLL IS BACK
Broadway Musical Theater
Diiringi Orchestra Secara LIVE !
Sandy si manis, polos, dan ceria... Danny si tampan berjaket kulit, atletis, urakan...
Ikuti liku-liku romansa Sandy dan Danny dalam pementasan Grease Broadway Musical Theater : drama tari dan musik Rock 'n Roll yang telah 1,000 kali mentas dengan sukses di panggung dunia dan keberhasilan itu diikuti pula lewat film Box Officenya yang dibintangi John Travolta dan Olivia Newton John.
Saksikanlah pertunjukan kolosal dan legendaris ini, dan bawalah seluruh keluarga untuk dapat turut menghayati masa 'muda' Anda.
Didukung langsung oleh artis- artis Broadway.
8 - 11 April
Pukul 17.00 dan 20.00
Di JAKARTA HILTON CONVENTION CENTRE
Harga Tiket :
Rp. 25.000 Rp. 50.000 Rp. 75.000 Rp. 100.000 Rp. 150.000
Tiket dapat diperoleh di :
Ibu Dibyo Jl. Cikini Raya Telp. 3100386, Aquarius Jl. Mahakam I/3 Telp. 7208413, Duta Suara Telp. 325471, Tiketron Hero Supermarket Telp. 7201710, Nastra Telp. 7203222, Prambors Telp. 3904370, Sakura Telp. 7202782, Deteksi Telp. 7399023, Kis FM Telp. 5738008, Berlin Musik Telp. 7506954, Amex Hotline Telp. 5216257, Sekretariat MII Jl. Barito II/35 Telp. 7203720, 7396570.
Official Magazine :
JAKARTA JAKARTA
SARI PAN PACIFIC HOTEL Jakarta
MEDIA INDONESIA
PolyGram PT SUARA SENTRAL SEJATI
107.2 FM
AMERICAN EXPRESS Cards
Gratis ! Langganan majalah "Jakarta-Jakarta" untuk pembelian tiket VVIP & VIP (penawaran terbatas)

Dewi Yull

Dewi Yull Pujianti yang dibesarkan di kota Cirebon, di Jawa Barat, sudah menjadi bintang besar di Indonesia, baik dalam film, dalam televisi, dalam dunia musik, maupun dalam iklan-iklan, tetapi kariernya memang mulai di dunia musik. Menurut Dewi, "dari kecil, umur lima tahunan, saya sudah mulai bernyanyi. Pada umur itu saya sudah suka mendengarkan piringan hitam sambil tiduran." Ketika berumur belasan tahun, mulailah orang mengajak Dewi bernyanyi. "Ya, kalau ada pesta perkawinan saya selalu diajak, kemudian disuruh bernyanyi", katanya. Sekarang Dewi adalah salah seorang penyanyi yang sangat populer di Indonesia. Bukan main banyaknya CD dan kaset yang dijualnya setiap tahun.

Pada tahun 1980 karier Dewi meningkat ketika dia diajak bermain dalam film *Gadis*. Mulai dari waktu itu Dewi makin lama makin terkenal karena, selain dari terus bernyanyi, dia bermain juga dalam film, dalam seri televisi, dan sering dilihat pula dalam iklan-iklan, baik iklan-iklan televisi maupun iklan-iklan majalah. Dewasa ini, Dewi sangat sibuk bekerja sebagai aktris dan penyanyi yang harus sering meninggalkan rumah. Untuk Dewi, ini sulit sekali karena berarti bahwa dia sering dipisahkan dari ketiga anaknya dan suaminya, bintang film Ray Sahetappy. Anak sulungnya sekarang sudah bersekolah tetapi, kalau bisa, anak bungsunya serta anak tengah sering dibawa oleh Dewi kalau pergi bernyanyi atau bermain film, bahkan sudah sampai ke pedalaman Kalimantan.

Walaupun Dewi Yull sudah menjadi seorang *megastar* di Indonesia, dia sendiri tidak pernah merasa terkenal. Menurut Dewi, "itu 'kan pendapat orang lain. Bagi saya sudah tidak penting. Yang penting bagi saya, mencintai pekerjaan saya. Saya yakin, kalau saya bekerja dengan hati senang, apa yang saya hasilkan juga akan menyenangkan orang lain, dan itu yang penting."

Pernik Unik-nya Kylie

Kamu sudah tahu kesuksesan Kylie, sekarang kita intip sisi lainnya dara cantik itu
— Kylie paling suka cake coklat
— Alamat liburannya cuma satu: Bali, Indonesia
— Penyanyi pujaannya: Olivia Newton-John
— Bintang film Idola: Michael Hutchence (INXS) dan Mel Gibson. Konon Kylie ingin sekali main film bareng mereka ini
— Dia nggak bisa masak
— Dia mengaku tidak cantik, dan makhluk pendiam
— Dia suka percaya takhyul!
— Film Seri favoritnya: 'Flinstone'
— Film layar lebar: 'Grease 1' (yang ada Olivia NJ dan John Travolta)
— Dia bisa main piano dan flute...
— Alamatnya (rasanya ini yang paling penting, ya!)

KYLIE MINOGUE
c/o PWL
4–7 The Vine Yard,
Sanctuary Street
London E1
England

Saying 'more and more'

In the previous topic we learned the structure which Indonesian uses for saying that something is happening more and more:

Di Indonesia musik pop dalam bahasa Inggris makin lama makin populer.

MUSIK

Here we are going to learn another very similar phrase which can be used to express the same language function. Instead of using the phrase **makin...makin...**, we can use the phrase **kian...kian...**

Contoh:
i) Di Indonesia musik pop dalam bahasa Inggris kian lama kian populer.
ii) Anak itu kian besar kian pandai memainkan angklung.
iii) Penyanyi itu kian kurus kian cantik.

Note:
The **kian...kian...** phrase can be used in exactly the same ways that we used **makin...makin...**, i.e. with the first occurence being followed by the word **lama**, or by an adjective. In addition, however, the **kian...kian...** phrase is often used together with the word **hari**, i.e. **kian hari kian...**

Contoh:
i) Di Indonesia musik pop dalam bahasa Inggris kian hari kian populer.
ii) Harga CD kian hari kian mahal.
iii) Pemilik toko itu kian hari kian kikir.

Saying what/who you are looking for

To say what, or who, you are looking for, simply say:
Yang saya cari adalah...

Contoh:
i) Yang saya cari adalah kaset dengan musik gamelan.
ii) Yang saya cari adalah CD yang terbaru dari band yang bernama 'Ice House'.
iii) Yang saya cari adalah teman saya, Made.

Asking what/who people are looking for

To ask somebody what they are looking for, ask:
Apa yang kamu cari?

Contoh:
Penjual kaset: Selamat pagi, Nona. Apa yang Nona cari?
Nyoman: Yang saya cari adalah lagu terbaru dari Riyana Masri. Nama lagu itu 'Sayang Mama'. Apakah ada?
Penjual kaset: Ada, Nona. Ini dia. Harganya Rp4.000.

Awas!

Remember, when you are asking about a person you must use **siapa**, not **apa**. Therefore, to ask 'Who are you looking for?' you must say '**Siapa yang kamu cari?**'.

TOPIC TWO

Pronouns

Pronouns are words which are used to take the place of nouns, especially names. In English they are words like; I, me, you, she, him, they, etc. Pronouns are divided into three groups which are known as pronouns in the *first person*, *second person* and *third person*.

First person pronouns

are those which include *the person speaking*; **saya, aku**, etc.

Second person pronouns

are those which indicate *the person or persons being spoken to*; **Anda, Saudara, kamu**, etc.

Third person pronouns

are those which indicate *the person or persons being spoken about*; **dia**, **mereka**, etc.

Later in this topic it will be important for you to be able to identify which group pronouns belong to. Make a study of the chart on page 36 so that you become familiar with the pronouns and their groupings.

First person

saya/aku

Second person

Saudara/Anda/kamu

Third person

dia

"Aku dan Kau suka Dancow"

Dancow Instant Formula Baru.
Super gizi. Super gurih.
Susu terbaik untuk perkembangan.

S.A.K.S.I.K.A.N
KUIS
AKU dan KAU
SETIAP JUM'AT 18.00 WIB di SCTV

First	Second	Third
saya	kamu (mu)	beliau
aku (ku)	engkau (kau)	dia (ia)
kami	kalian	mereka
kita	Saudara	-nya
	Anda	
	Ibu	ibu
	Bapak	bapak
	Ayah	ayah
	Nona	*Nona Herawati
	Nyonya	*Nyonya Tobing
	Tuan	*Pak Darmo
		*Ibu Sujiman
		*Saudara Hasan

Notes:
1. You will notice that some pronouns can be used in either the second or third person.
2. Those marked with an asterisk are in fact proper nouns. They are included here to show that the addition of the name can change second person pronouns into third person names.
3. You should remember that Indonesians often use names when they mean 'I' or 'you' (see *Stage One*, page 80). Names, therefore, can be first, second or third person, depending upon the context.

Saying 'one of...'

When you want to say 'one of...', providing you are referring to an inanimate object, use the phrase **salah satu**.

Contoh:
i) Salah satu disko yang terkenal di kota Jakarta bernama 'Pit-Stop'.
ii) Di kota Bandung, salah satu tempat yang baik untuk mendengarkan musik angklung adalah rumah Pak Ujo di Jalan Pada Suka.
iii) Hotel Bali Hyatt adalah salah satu hotel yang besar di daerah Sanur.

When you want to say 'one of...', and you are referring to people, use the phrase **salah seorang**.

Contoh: i) Salah seorang guru saya berasal dari kota Singaraja di pantai utara Pulau Bali.
ii) Kemarin salah seorang teman saya membeli beberapa CD terbaru di toko 'Gajah Mada'.
iii) Dewasa ini salah seorang penyanyi yang sangat populer di Indonesia adalah Sheila Majid.

When you want to say 'one of . . . ', and you are referring to animals, use the phrase **salah seekor**.

Contoh: i) Tadi malam salah seekor kerbau kami mati karena sudah amat tua.
ii) Kemarin, ketika kami mengunjungi Sangeh, salah seekor kera di sana mencuri radio saya.
iii) Nyoman mempunyai tiga ekor anjing. Salah seekor di antaranya nakal sekali.

Saying 'The only one'

Satu-satunya means 'the only one' or 'the one and only'. Use it like this:

contoh: i) Satu-satunya tempat membeli kaset dan CD di kota ini adalah toko 'Matahari'.
ii) Satu-satunya penyanyi Australia yang saya senangi adalah John Farnham.
iii) Inilah satu-satunya klub malam yang terbuka sampai jam tiga malam di kota ini.

Dalam seperangkat gamelan, satu-satunya alat musik yang bertali adalah rebab.

Saying whether or not...depends upon...

To form the first part of this language function we use two opposite adjective plus suffix **-nya**.

Contoh: **Mahal-murahnya**
besar-kecilnya
tinggi-rendahnya

Baru!

berkurang to decrease
buruk bad
cari (*see* **mencari**)
dibesarkan brought up
kalangan circle (of friends, etc.)
kepopuleran popularity
kera monkey
kerajinan diligence
kian increasingly/so much
kikir stingy
kurus skinny
maju to progress
mati to die (usually for animals/plants etc.)
membintangi to star in (a film)
mencari to search for something
menyenangi to like something
menyetujui to agree to something
pembangunan development
rendah low
salah satu one of... (for objects)
salah seekor one of... (for animals)
salah seorang one of... (for people)
satu-satunya the only one/the one and only
senangi (*see* **menyenangi**)
tergantung pada depends upon

Another way to do the same thing is to use one adjective together with the word **tidak** plus suffix **-nya**.

Contoh: **baik-tidaknya** *atau* **baik-buruknya**
panas-tidaknya *atau* **panas-dinginnya**
banyak-tidaknya *atau* **banyak-sedikitnya**

To say that something depends upon something else we use the phrase **tergantung pada**. Now, let's try putting it all together.

Contoh:
i) **Mahal-murahnya karcis konser tergantung pada kepopuleran penyanyinya.**
ii) **Banyak-tidaknya orang yang ingin menonton film tergantung pada kepopuleran para pemain yang membintangi film tersebut.**
iii) **Panas-dinginnya udara di Australia tergantung pada musim.**

Note:
As well as many adjectives, there are a few verbs which are also commonly used in this construction.

Contoh:
i) **Maju-tidaknya negara itu mungkin tergantung pada pembangunan industrinya.**
ii) **Berangkat-tidaknya pesawat terbang ini tergantung pada baik-buruknya cuaca.**
iii) **Berhasil-tidaknya kita dalam ujian tergantung pada kerajinan kita.**

The object-focus sentence

Do you remember the questions which we had to ask ourselves in order to identify the components of a sentence? Let's revise that before going any further.

Dia suka mendengarkan musik klasik.

First identify the verb. In Indonesian that is usually very simple because very often the verb can be recognised by its prefix. In the above sentence the verb is **mendengarkan** ('to listen').

To find the subject ask yourself 'Who or what listens?'. The answer is, of course, **dia**. **Dia** is the subject.

To find the direct object ask yourself 'Who or what does he listen to?'. The answer is **musik klasik**. **Musik klasik** is the direct object.

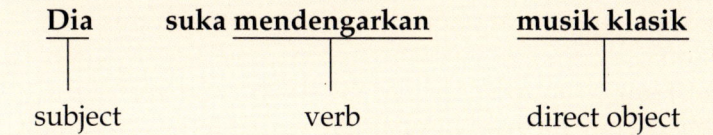

Dia	suka mendengarkan	musik klasik
subject	verb	direct object

You will notice that the sentence construction used here is subject—verb—object. Sentences which use this construction are known as 'subject-focus sentences'. The term 'subject focus' is derived from the fact that the subject appears near the front of the sentence and our attention is therefore focused upon it. Sometimes, particularly in English, these sentences are known as 'active sentences'.

In an 'object-focus sentence' (also known as a 'passive sentence') it is the object which appears near the beginning of the sentence.

In Indonesian the object-focus sentence is used far more commonly than its passive sentence equivalent in English. It is not difficult to understand why this is so. You should remember the one recurring rule in Indonesian grammar, that the *important component of any sentence or phrase comes first* (see 'Priority positioning', *Stage Two*, page 19). Very often the Indonesian speaker sees the object as being the important component, the thing that the sentence is all about, and so the object is moved up to the front of the sentence. Once this is done there is no option but to use the object-focus construction. This is not really new to us. We have used object-focus sentences since the very beginning of this course, but have perhaps not realised the reason for constructing our sentences in that way. Here we are going to look at the way that object-focus sentences are constructed.

In Indonesian there are two object-focus constructions. The construction we use depends upon whether the subject (the agent, or doer of the action) is in first, second, or third person.

Object focus with first and second person subjects, or with dia or mereka

When forming object-focus sentences with subjects which are pronouns in the first or second person (or names used in first or second person context), or the third person pronouns **dia/mereka**, the sentence structure will become object—subject verb. Compare the subject-focus sentence with its object-focus equivalent.

Awas!

The pronouns **mereka** and **dia**, although they are third person, can be used in either the first and second person structure, or in the third person structure. For example you could say:

Buku ini harus dibaca oleh mereka.
or
Buku ini harus mereka baca.
and
Buku ini harus dibaca oleh dia.
or
Buku ini harus dia baca.

Only a few years ago the use of **mereka** and **dia** in the first and second person structure would have been considered incorrect. The language, however, is still developing and the use of **mereka** and **dia** in this way is now considered correct, standard Indonesian. It is likely that at some point in the future **mereka** and **dia** will cease to be used in the third person (**di-** prefix) structure.

TOPIC TWO

Subject focus: **Nanti malam, saya harus mengerjakan latihan ini.**
Object focus: **Nanti malam, latihan ini harus saya kerjakan.**

There are some important points to be aware of with this construction.

- The most important point is that the subject and verb are *inseparable*. They form an inseparable verbal unit. You cannot place any words between them. You cannot even use a prefix on the verb.
- Verb auxiliaries (e.g. **akan, belum, harus, tidak, sudah, ingin,** etc.) which in the subject-focus structure immediately precede the verb, must be moved to a position preceding the inseparable subject-verb unit.
- Suffixes are not removed from the verb. Verbs which use the **-kan** or **-i** suffix in their subject-focus form retain those suffix when used in object-focus sentences.
- When the pronouns **aku** and **engkau** are used as sentence subjects in the object-focus sentence, they are usually abbreviated to **ku** and **kau** respectively. When this happens they are actually attached to the front of the verb.

Contoh: **Latihan ini harus kukerjakan nanti malam.**
Latihan ini harus kaukerjakan nanti malam.

- The pronouns **mereka** and **dia**, although third person, may be used in this structure. (*See* AWAS! *box this page*).

Study carefully the structure of the first and second person object-focus sentences shown below.

Contoh:
i) **Karcis konser itu harus kita beli sebelum hari Sabtu.**
ii) **CD itu akan saya berikan kepada adik saya.**
iii) **Buku ini harus kamu baca sebelum ujian.**
iv) **Surat ini akan saya kirimkan kepada nenek saya.**
v) **Film yang baik itu sudah kami tonton.**
vi) **Salah seorang penyanyi Indonesia yang kusenangi adalah Dina Mariana.**
vii) **Pulau Bali belum kukunjungi.**
viii) **Toko yang mereka cari adalah toko 'Gunung Agung'.**
ix) **Band yang kami dengarkan di disko tadi malam sangat populer.**
x) **Kaset yang dia beli kemarin itu bagus sekali.**

Object focus with third person subjects

A different structure needs to be used when the subject of an object-focus sentence is in the third person. The subject may be a third person pronoun, a name used in third person context, or a noun functioning as third person (**teman saya**, **pemerintah Australia**, **kepala sekolah**, etc.). In object-focus sentences with third person subjects the sentence structure will be:

object—**di-** prefix + verb—**(oleh)**—subject.

The use of **oleh** is optional. **Oleh** is commonly used in written Indonesian, but is often omitted in the spoken language.

Compare the following object-focus sentences. The first sentence uses a first person subject, whilst the second sentence uses a third person subject.

First person: **Latihan ini harus saya kerjakan nanti malam.**
Third person: **Latihan ini harus dikerjakan (oleh) mereka nanti malam.**

Again, there are some important points to remember.
- The prefix **di-** must be added to the verb.
- Suffixes are not removed from the verb. Verbs which use the -**kan** or -**i** suffix in their subject-focus form retain those suffixes when used in object-focus sentences.
- Verb auxiliaries (eg. **akan**, **belum**, **harus**, **tidak**, **sudah**, **ingin**, etc.) appear immediately before the verb.
- When the subject of the object-focus sentence is in the third person it is often replaced by -**nya**, provided that to do so does not cause confusion or misunderstanding.
- The use of **oleh** is optional.

It will be noticed, therefore, that there is some flexibility with the third person object-focus sentence.

Contoh: **Latihan ini harus dikerjakan mereka nanti malam.**
atau
Latihan ini harus dikerjakan oleh mereka nanti malam.
atau
Latihan ini harus dikerjakannya nanti malam.
atau
Latihan ini harus dikerjakan olehnya nanti malam.

Awas!

The **me-** prefix cannot be used in object-focus sentences. Whether with first, second, or third person subjects, the **me-** prefix must be removed. When the subject is in the third person it is replaced by the **di-** prefix, but in sentences with a first or second person subject the verb must be used without any prefix.

TOPIC TWO

Study carefully the structure of the following third person object-focus sentences.

Contoh:
i) **CD itu dipinjamkan oleh Hasan kepada saya.**
ii) **Pekerjaan kita dibawa pulang oleh guru kita untuk diperiksanya.**
iii) **Band itu dipimpin oleh seorang pemain gitar yang gagah.**
iv) **Pacar Effendi diajak olehnya ikut ke konser nanti malam.**
v) **Kaset yang dipilih oleh Santi itu adalah kaset musik klasik.**
vi) **Uang yang ditabungnya di bank belum banyak.**
vii) **Masakan yang disiapkan oleh ibu untuk pesta itu enak sekali.**
viii) **Gamelan kadang-kadang diiringi beberapa orang penyanyi.**
ix) **Dewasa ini musik barat sangat disenangi oleh kaum muda di Indonesia.**
x) **Lagu kebangsaan Indonesia, yang berjudul 'Indonesia Raya', diciptakan oleh Wage Rudolf Supratman.**

Sebuah CD baru sedang diciptakan oleh penyanyi ini. Lagu yang sedang dinyanyikannya berjudul *Rasa Cintaku*.

Note:
Sometimes with third person object-focus sentences it is not necessary, or not possible, to identify the subject, the doer of the action. In these cases the sentence can actually be used without a subject.

Contoh:
   i) **Sepeda saya dicuri dari depan rumah saya.**
   ii) **Kantor ini akan ditutup jam dua siang.**
   iii) **Beraneka macam kaset dijual di toko itu.**

Emphasising

Often we want to emphasise a description of something or somebody. In English we say things like 'She is *really* beautiful' or 'It *really* is a nice day today'.

In Indonesian this type of emphasis is achieved by means of an exclamatory sentence. We will learn two ways to form these sentences. In both cases, because it is the description which is being emphasised the adjectives are moved to the front of the sentence whilst the subject is relegated to a later position.

1. **Sungguh** + adjective + subject!

Contoh:
   i) **Sungguh cantik penyanyi itu!**
   ii) **Sungguh populer lagu ini!**
   iii) **Sungguh gagah pemain gitar itu!**
   iv) **Sungguh enak cuaca hari ini!**
   v) **Sungguh menarik lakon Ramayana!**

2. Adjective **sekali/betul/benar** subject!

Contoh:
   i) **Mahal benar mesin CD itu!**
   ii) **Ramping sekali penari itu!**
   iii) **Merdu betul suara penyanyi itu!**
   iv) **Band itu sangat populer. Banyak sekali pemujanya!**
   v) **Bagus benar suara gamelan itu!**

Awas!

Remember, these sentences are exclamations. They must be said with appropriate emphasis and intonation, so that they sound like exclamations. Listen carefully and mimic the intonation and emphasis used by your teacher.

TOPIC TWO

Sungguh penuh sesak bemo itu!

Note:
There are some transitive verbs which can function as adjectives in these sentences.

Contoh: i) **Sungguh mengecewakan berita itu!**
ii) **Menggembirakan benar pertunjukan itu!**
iii) **Menyenangkan sekali musik itu!**

Saying what you like

When you want to say what you like say:
Yang saya senangi adalah...
atau
Yang saya sukai adalah...

Contoh: i) **Yang saya senangi adalah musik barat.**
ii) **Yang saya sukai adalah musik klasik.**
iii) **Yang saya senangi adalah musik keroncong.**

Of course, this function is transferable to other situations. It does not have to be used in the context of music.

Contoh: i) **Yang saya senangi adalah masakan Padang.**
ii) **Yang saya sukai adalah pakaian yang terbuat dari batik.**

Asking what type of music people like

To ask somebody what kind of music they like, you can ask:

Kamu suka musik apa?
atau
Jenis musik apa yang kamu sukai?
atau
Jenis musik apa yang kamu senangi?

Contoh:
Wayan: Gede, kamu suka musik apa?
Gede: Yang saya senangi adalah musik keroncong.

Expressing mild surprise

Sometimes people say things which we find mildly surprising. In English we would probably say 'Really?'. There are a number of words which you can use to perform this function in Indonesian. You can say:

Betul?, Benar? or **Sungguh?**

Whichever one you choose to use, make it sound like a question. Listen carefully and mimic the intonation of your teacher.

Contoh:
Nyoman: Jenis musik apa yang kamu senangi?
Made: Yang saya sukai adalah musik barat, khususnya yang disebut 'heavy metal'.
Nyoman: Sungguh? Saya sendiri lebih suka lagu-lagu yang lebih romantis.

Asking permission to borrow something

If you want to borrow something, ask:

(Apa) Saya boleh meminjam ....?
atau
Bolehkah saya meminjam ....?

Contoh:
i) **Saleh, saya boleh meminjam radiomu?**
ii) **Made, apa saya boleh meminjam kaset ini?**
iii) **Agung, bolehkah saya meminjam buku bahasa Inggrismu?**

'San, saya boleh meminjam CD ini?

Silakan.

Sulastri borrowed the CD from Hasan.

Responding

When somebody asks if they may borrow something, there are several different responses you might wish to make.

'Yes, you may.'

We've seen this type of response before. To say 'Yes, you may', simply say:
> **Boleh.**
> *atau*
> **Silakan.**

'Yes, of course.'

This is merely emphasising the first response. Say:
> **Tentu saja, boleh.**

MUSIK

'Yes, But...'

Perhaps you want to give permission, but want to impose some restrictions. Say:

Boleh, tetapi, ...

Contoh: i) **Boleh, tetapi jangan dibawa pulang.**
ii) **Boleh, tetapi jangan lupa aku memerlukannya besok.**
iii) **Boleh, tetapi hati-hati ya, supaya jangan pecah.**

'No, I'm sorry.'

Refusing permission to borrow is usually done by first saying that you are sorry, and then offering some reason why it is not possible.

Contoh:
Saleh: Dewi, saya boleh meminjam buku matematikamu?
Dewi: Maaf Saleh, tidak bisa. Maklumlah lusa ada ujian matematika. Nanti malam aku perlu belajar.

Asking about favourites

Perhaps you will want to ask people about their favourite song, favourite discotheque, favourite clothes, etc. Phrase your question like this:

Apa (object) **kesayangan Anda?**

Contoh: i) **Apa lagu kesayangan Anda**
ii) **Apa disko kesayanganmu?**
iii) **Apa warna kesayangan Anda?**
iv) **Apa makanan kesayanganmu?**

Remember, if you are asking about a person, i.e. someone's favourite singer, favourite film star, favourite teacher, etc. you must use **Siapa**.
Phrase your question like this:

Siapa nama (person) **kesayangan Anda?**

Contoh: i) **Siapa nama guru kesayangan Anda?**
ii) **Siapa nama bintang film kesayangan Anda?**
iii) **Siapa nama pengarang kesayangan Anda?**
iv) **Siapa nama penyanyi kesayangan Anda?**

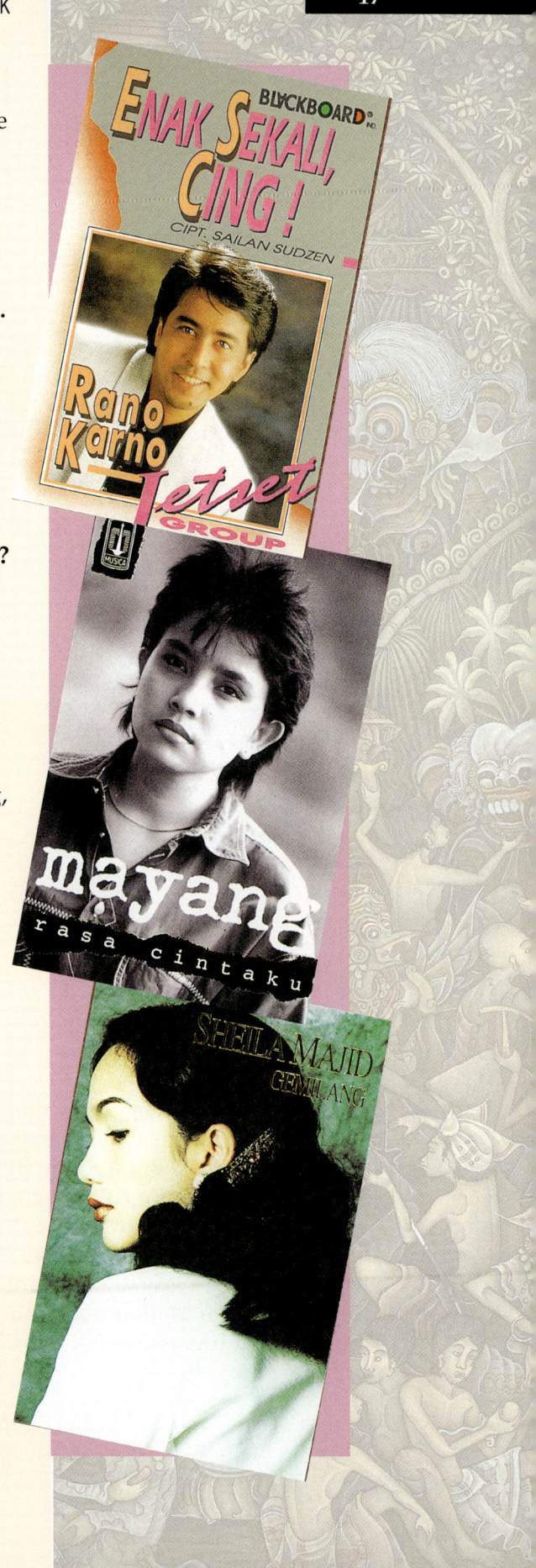

TOPIC TWO

Indicating your favourite

To indicate your favourite, phrase your sentence like this:
(Person/object) **kesayangan saya**...

Contoh:
i) Lagu kesayangan saya adalah 'Antara Anyer Dan Jakarta' oleh Sheila Majid.
ii) Disko kesayanganku adalah 'Pit-Stop'.
iii) Warna kesayangan saya biru.
iv) Masakan kesayanganku adalah masakan Padang.
v) Guru kesayangan saya adalah Pak Hardiman.
vi) Bintang film kesayangan saya adalah Marissa Haque.
vii) Pengarang kesayangan saya adalah Leila Chudori.
viii) Penyanyi kesayangan saya adalah Dina Mariana.

Jenis musik apa yang kamu senangi?

Musik yang paling kusenangi adalah musik pop, khususnya musik barat. Aku sering membeli CD di toko atau di pasar, sehingga kumpulanku cukup banyak. Grup-grup yang saya senangi adalah Dire Straits, Crowded House, dan Pink Floyd. Penyanyi kesayanganku antara lain John Cougar Mellencamp, John Farnham, dan Jimmy Barnes.

Saya pun suka mendengarkan musik pop, tetapi bukan musik barat. Musik yang paling saya sukai adalah musik pop asli Indonesia. Saya sering ikut ke disko untuk berdansa dan untuk mendengarkan penyanyi-penyanyi Indonesia. Penyanyi kesayangan saya antara lain Ikang Fawzi, Vina Panduwinata, Nicky Astria, dan Sheila Majid. Kalau harus memilih, yang paling saya senangi adalah Sheila. Sungguh merdu lagu-lagunya!

Apa lagu kesayanganmu, dan siapa penyanyi kesayanganmu?

MUSIK

What have we learned in this topic?

In this topic, **Musik**, we have learned a large list of new words, a lot of useful language functions, and some very important points of grammar.

All of these are listed below for your revision purposes. If you revise all of this material carefully you should have no difficulty with the speaking, listening, reading and writing tests which your teacher will be giving you shortly.

Functions

1. Saying 'more and more'
2. Saying what/who you are looking for
3. Asking what/who people are looking for
4. Saying 'one of...'
5. Saying 'the only one'
6. Saying 'Whether or not...depends upon....'
7. Emphasising
8. Saying what you like
9. Asking what type of music people like
10. Expressing mild surprise
11. Asking permission to borrow
12. Responding
13. Asking about favourites
14. Indicating your favourite

Grammar

1. Pronouns
2. The object-focus sentence

Vocabulary

antara lain amongst others/including
asli indigeneous/original
baca (see **membaca**)
beli (see **membeli**)
berikan (see **memberikan**)
berjudul entitled/having the title
dengarkan (see **mendengarkan**)
diberikan to be given
diciptakan to be created
dinyanyikan to be sung
dipinjamkan to be loaned
ditabung to be saved (money)
grup a group (musical)
kesayangan favourite
kirimkan (see **mengirimkan**)
kunjungi (see **mengunjungi**)
lagu kebangsaan national anthem
lakon a play/drama (often relating to wayang)
memberikan to give something
memerlukan to need something
meminjam to borrow
mengecewakan to disappoint
menggembirakan to make somebody happy
menyenangkan to make somebody happy
merdu melodious
pagelaran performance
pecah broken/smashed in pieces
pembacaan the reading of...
pemuja fans (musical etc.)
pengarang author
proklamasi a proclamation
ramping slender
Sang Merah Putih Indonesian flag
sukai (see **menyukai**)
sungguh really
tonton (see **menonton**)

TOPIC THREE

Bertamasya

Pada akhir minggu, atau pada hari-hari libur, banyak orang suka pergi ke luar kota, khususnya mereka yang tinggal di kota yang terletak di dataran rendah. Mereka suka pergi ke tempat yang terletak di dataran tinggi, atau di pegunungan, karena di sana udara lebih segar dan sejuk. Yang tinggal di kota Jakarta suka pergi ke kota Bogor dan Puncak. Di antara penduduk Jakarta yang lebih kaya ada juga yang kadang-kadang bertamasya ke Pulau Seribu di Teluk Jakarta, karena di sana bertiup angin laut dan udaranya enak. Yang tinggal di kota Yogyakarta suka pergi ke Kaliurang di lereng Gunung Merapi, sedangkan mereka yang tinggal di kota Surabaya menuju ke daerah Malang. Di Pulau Bali, baik para wisatawan maupun penduduk setempat dapat bertamasya ke tempat yang indah dan menarik. Tempat-tempat yang dapat dipilih cukup banyak juga. Candi Dasa, Tanah Lot, Kintamani, Bedugul, dan Singaraja; semuanya tempat bertamasya yang terkenal di Pulau Bali.

Nyoman adalah seorang mahasiswa Universitas Udayana di kota Denpasar, sedangkan pacarnya, Wayan, bekerja di BNI (Bank Negara Indonesia) di Jalan Gajah Mada. Dari hari Senin sampai hari Sabtu mereka bekerja keras maka pada hari Minggu yang lalu mereka bertamasya ke daerah Bedugul. Menurut mereka, suasana lebih meriah kalau teman-teman ikut juga, sehingga mereka mengajak beberapa kawan ikut bertamasya. Nyoman mengajak empat teman sekelasnya; Gede, Made, Ida, dan Alit, sedangkan Wayan mengajak teman sekantornya Agung, Ketut, dan Mastri. Pada Sabtu malam Ida merasa kurang enak badan sehingga tak jadi ikut. Oleh karena itu, rombongan yang berangkat terdiri dari delapan orang saja.

BERTAMASYA

Danau Batur
Kintamani

Mobil biasa terlalu kecil untuk rombongan tersebut, maka Nyoman menyewa sebuah bemo. Bemo yang terdapat di Pulau Bali berbeda dengan yang terdapat di Jakarta. Yang disebut 'bemo' di ibu kota Jakarta adalah sebuah kendaraan kecil yang beroda tiga, sedangkan yang disebut 'bemo' di Pulau Bali adalah sebuah kendaraan beroda empat yang lebih menyerupai bus kecil. Nyoman tawar-menawar dengan sopir bemo itu sebelum mencapai persetujuan mengenai ongkos sewa bemo. Akhirnya ongkos disetujui mereka. Sopir bemo itu akan mengantarkan mereka ke daerah Bedugul, menunggu beberapa jam, kemudian mengantarkan rombongan itu pulang ke kota Denpasar dengan ongkos Rp25.000.

Baru!

awan cloud
berjanji to promise
beroda having wheels
dataran rendah low plain
dataran tinggi high plateau
diajak to be invited
dimasak to be cooked
disetujui to be agreed upon
kebetulan by coincidence
kendaraan vehicle
mempergunakan to use something
memperkenalkan to introduce
menanami to plant (a field)
mengagumi to admire
mengenai about/concerning (**tentang**)
menuju to go towards/in the direction of
menyerupai to resemble
meriah cheerful
muka face/front
pemandangan view/scenery
persetujuan agreement
puncak summit/peak
pura temple (usually Balinese)

TOPIC THREE

Pukul setengah delapan pagi mereka berangkat dari kota Denpasar menuju Bedugul. Perjalanan itu makan waktu kira-kira tiga jam. Pemandangan di tepi jalan sangat menarik. Di kanan kiri jalan terdapat sawah yang bertingkat-tingkat. Seringkali kelihatan petani yang menanami sawahnya dengan padi, atau yang mempergunakan kerbau untuk membajak sawahnya.

Setiba di Bedugul kedelapan pemuda-pemudi itu beristirahat dan menikmati suasana yang segar serta sejuk. Di antara mereka ada yang berenang di kolam renang, tetapi karena airnya cukup dingin ada juga yang tidak berani berenang. Sesudah itu mereka sekalian berjalan-jalan sambil memotret karena di sana terdapat banyak jalan kecil yang naik turun melalui bukit-bukit. Bukan main indahnya! Akhirnya jalan yang mereka ikuti sampai di tepi Danau Bratan. Bagus sekali pemandangan yang terbentang di muka mereka. Danau Bratan luas serta indah sekali. Di tepi Danau itu terdapat pura-pura dengan atap yang bertingkat-tingkat. Di belakangnya ada gunung-gunung yang sangat tinggi. Puncak gunung-gunung tersebut tertutup awan. Kebetulan sekali, di sana ada dua orang wisatawan dari Australia yang sedang mengagumi pemandangan itu. Alit memperkenalkan diri kepada mereka, kemudian memperkenalkan suami isteri itu kepada kawannya. Orang Australia yang bernama Robert dan Susan itu kemudian diajak oleh Wayan makan siang bersama dengan mereka.

BERTAMASYA

Makan siang terdiri dari nasi dengan bermacam-macam lauk-pauk serta kue-kue yang enak. Semuanya dimasak oleh ibu Wayan. Mereka membeli minuman dingin di sebuah warung. Sambil makan mereka bercakap-cakap, kemudian Gede yang pandai bermain gitar, mengajak mereka bernyanyi. Mereka mengajar Robert dan Susan menyanyikan beberapa lagu Indonesia, kemudian Robert mengajar mereka menyanyikan sebuah lagu Australia yang berjudul 'Waltzing Matilda'. Senang sekali mereka bernyanyi dan bercakap-cakap.

Akhirnya, pada pukul empat sore, mereka harus pulang ke Denpasar. Tentu saja, mereka tidak lupa menulis alamat dan nomor telepon untuk teman yang baru itu dan mereka sekalian berjanji akan surat-menyurat. Kemudian kedelapan pemuda-pemudi itu mengucapkan 'Sampai jumpa' kepada Robert dan Susan, dan naik bemonya untuk perjalanan pulang.

Baru!

roda a wheel
rombongan a group/party of people
setiba upon arrival
setempat local
suami husband
suasana atmosphere
surat-menyurat to correspond/exchange letters
tak jadi didn't work out/didn't happen
teluk a bay
terbentang to be spread out

TOPIC THREE

Asking 'Who will bring…?'

When preparing an outing you might want to ask who will bring something. Say '**Siapa yang akan membawa…?'**

Contoh: i) **Siapa yang akan membawa nasi?**
ii) **Siapa yang akan membawa lauk pauk?**

Asking 'Could you bring…?'

To ask somebody if they can bring something, you can use either **bisa** or **dapat**. You can phrase your question like this:

Apa kamu bisa membawa ……………… ?
atau
Kamu bisa membawa ……………… ?

Contoh: i) **Gede, kamu bisa membawa gitar?**
ii) **Alit, apa kamu dapat membawa alat pemotret?**
iii) **Nyoman, kamu bisa membawa piring, sendok dan garpu?**

Perhaps, if you are asking specifically about food, you can use the verb **menyediakan** rathar than **membawa**.

Contoh: i) **Agung, apa kamu bisa menyediakan ketupat?**
ii) **Mastri, kamu bisa menyediakan lumpia?**

Wayan, kamu bisa menyediakan makanan untuk makan siang?

Bisa, tapi saya kira lebih mudah dan lebih praktis membawa beberapa paket Mi ABC saja. Kita perlu tambah air panas saja ke dalamnya.

Kembali ke Selera Asal Pulanglah ke ABC

Sejuta mi kini ada. Namun adakah mi dengan sejuta rasa, rasa khas pilihan keluarga ? Inilah dia, ABC telah begitu lama memanjakan Anda dengan rasa khas pilihan keluarga. Dan kini Anda dapat menikmati mi berkwalitas tinggi, nyata pada waktu Anda menyantapnya. Perpaduan antara bumbu-bumbu alami pilihan dan selera favorit Anda, semua dalam satu kemasan.
Mi ABC.
Kembali ke selera asal. Pulanglah ke ABC.
Cobalah mi ABC dan nikmatilah Mi ABC.

TOPIC THREE

Asking 'How will we get there?'

To ask how you will get to your destination, ask:
   Naik apa kita ke sana?

Contoh:
Nyoman: Bagaimana kalau kita mengajak teman-teman kita bertamasya ke Bedugul pada hari Minggu?
Wayan: Baiklah. Senang sekali saya berdarmawisata, tetapi naik apa kita ke sana?
Nyoman: Saya akan menyewa sebuah bemo. Kalau kita berenam membayar maka, ongkosnya tidak terlalu mahal.

Asking 'Who will we invite?'

When planning an outing or a party etc., you might wish to pose the question 'Who will we invite?'
'Simply ask:
   Siapa yang akan kita ajak?
   atau
   Siapa yang akan kita undang?

Saying who you have invited

To say who you *have* invited say:
   Yang saya ajak adalah ...
   atau
   Yang saya undang adalah ...

To say who you *will* invite include the word **akan**. Say:
   Yang akan saya undang adalah ...
   atau
   Yang akan saya ajak adalah ...

Contoh:
Nyoman: Siapa yang Anda ajak?
Wayan: Yang saya ajak adalah teman sekantor saya, Agung, Ketut dan Mastri.

Awas!

Remember the difference we learned between **mengundang** and **mengajak** (see *Stage One* p. 84).
Mengundang is to invite somebody to attend a function that you are hosting.
Mengajak is to invite somebody to go somewhere with you.

Cultural Note

Balinese names

Balinese society, being predominantly Hindu, is organised on a caste system, though in Bali the caste system is not as rigidly applied as is the case in India. There are four broad castes recognised in Bali. The **Brahmana**, **Kesatria**, and **Waisya** are the castes of nobility, of people with caste, whilst the fourth caste, the **Sudra** (also known as the **Bali jaba**) is really defined as *people without caste,* or *the outsiders*. Generally speaking, a person's caste is indicated by a title used in front of his or her given names.

1. **Brahmana**. The **Brahmana** are said to claim descent from the original priesthood of Bali. Before their given names they usually use the title **Ida Bagus** for men, and **Ida Ayu** for women, both titles meaning 'beautiful' or 'high born'.

2. **Kesatria**. **Kesatria** are said to be the descendants of royal families, of the nobility, and of their military retainers. Before their given names the **Kesatria** commonly use the titles **I Gusti** for men, and **Ni Gusti** for women. Some use the titles **Anak Agung**, or **Cokorde**.

3. **Waisya** The **Waisya** are the descendants of the merchant class. Before their given names they use the title **Gusti** for men, and **Ni Luh** for women.

4. **Sudra, Bali jaba**. The **Sudra** are the non-aristocratic Balinese, the people without caste, and comprise some ninety per cent of the Balinese population. The **Sudra** have four title names used before their given names. The first born child in a **Sudra** family will be given the title name **Wayan**. Then follows, in order, **Made**, **Nyoman**, and **Ketut**. If a fifth child is born to the family the cycle will commence again with **Wayan**, and so on. Every **Sudra**, or **jaba**, must have one of these four title names which precedes his or her given names. Before the title name it is common for males to be given the prefix **I**, and for females to given the prefix **Ni**.

   Let us look at a typical Balinese name:
Ni Nyoman Sri Sumarni.
We can see that this is the name of a female (**Ni**) of the **Sudra** caste (**Nyoman**). Her given names are **Sri Sumarni**. Within the family she would be called **Nyoman**. Her friends might also call her **Nyoman**, but it is quite likely that they would call her **Sri**, simply because there are too many **Nyomans** around.

TOPIC THREE

Uses of yang

We have already seen some of the uses of **yang**. We learned to use it when identifying objects, eg. **yang ini**, **yang itu**, **yang biru itu** (see *Stage One*, pp. 49–50).

Generally speaking, **yang** means 'who' or 'which', but it is used in Indonesian far more commonly than its English counterpart. The most common use of **yang** is to introduce additional information which will help to identify the object or person being spoken about. In some of these cases the use of **yang** is optional, but there are other instances where **yang** *must* be used. We are going to look at some of those different uses now.

1. When a noun is qualified by an adjective

As we know, in Indonesian, nouns precede the adjectives which qualify them. You will have noticed also that the noun and the adjective are often linked together by the word **yang**. When a noun is qualified by an adjective the use of **yang** is optional.

Contoh:

pemandangan indah	*atau*	pemandangan yang indah
teman baru	*atau*	teman yang baru
makanan enak	*atau*	makanan yang enak

In phrases such as those shown in the above example the addition of **yang** does not change the meaning at all, but the presence of **yang** does tend to draw our attention to the adjective and, thus, to emphasise it. **Yang** is very commonly used in this way, even though it is optional. It is especially likely to be used if the noun is qualified by an adjectival phrase of more than one word.

Contoh:
i) **Kota Denpasar adalah kota yang paling ramai di Pulau Bali.**
ii) **Kemarin kami membeli buah-buahan yang segar dan enak untuk dibawa bertamasya.**
iii) **Bedugul adalah sebuah tempat darmawisata yang indah dan sejuk.**

Whilst **yang** could technically be omitted from the above examples, it would almost always be used because of the length of the qualifying phrases.

Kalau ada hujan, Wayan dan Nyoman memakai payung yang besar.

Remember that in a few cases the addition of **yang** does actually change the meaning.

orang besar = VIP		**orang yang besar**	= a big person
kamar kecil = toilet		**kamar yang kecil**	= a small room
orang tua = parents		**orang yang tua**	= and old person

2. When a noun is qualified by a possessive pronoun plus an adjective

When the additional information being provided takes the form of a possessive pronoun *and* an adjective, the use of **yang** is essential. In such phrases the word order will be:

noun — possessive pronoun — **yang** — adjective.

Contoh:
i) **Sepeda saya yang baru itu tadi pagi dicuri dari depan rumah.**
ii) **Tetangga kami yang pandai itu adalah seorang mahaguru di Universitas Udayana.**
iii) **Saya mendengar bahwa kawanmu yang ramah itu nanti akan kawin.**
iv) **Pacarku yang cantik, bekerja di Bank Bumi Daya.**
v) **Rumahmu yang mewah itu lebih baik daripada rumahku.**

Yang cannot be omitted from this type of phrase without making the sentence incorrect.

Di tepi Danau Bratan terdapat sebuah pura yang indah sekali. Pura Kuning namanya.

Bemo dia yang baru itu bernama 'Yasa Segara'.

3. When a noun is qualified by a verb

Often the additional information takes the form of a verb, for example, *the person who lives in that house*. In phrases where the noun is qualified by a verb the use of **yang** is essential.

Contoh:
i) **Orang yang beragama Islam bersembahyang di mesjid, sedangkan orang yang beragama Hindu bersembahyang di pura.**
ii) **Pemuda yang naik sepeda itu adalah seorang murid SMP.**
iii) **Pelayan yang bekerja di rumah makan itu cantik dan ramah sekali.**
iv) **Wanita yang membawa alat pemotret itu adalah seorang wisatawan dari Australia.**
v) **Cewek yang sedang berbicara dengan Nyoman itu adalah pacarnya.**

In English we would usually not translate the word **yang** in these cases. For **pemuda yang naik sepeda itu** we would probably just say 'the young man riding the bike'. Remember, however, that in Indonesian, when a noun is qualified by a verb, the word **yang** cannot be omitted without making the sentence incorrect.

Batubulan adalah sebuah kota kecil yang terkenal karena penduduknya pandai membuat patung dari batu. Kebanyakan laki-laki yang tinggal di kota itu pandai mematung batu.

BERTAMASYA

4. Yang used in the initial position

When **yang** appears as the first word of a clause it is important to remember that there is a word (or words) understood. In such cases **yang** is best translated as 'the one(s) which ...'

Contoh:
i) **Yang memasak lauk pauk ini adalah ibu Wayan.**
ii) **Yang mahal itu tidak ingin saya beli.**
iii) **Kalau tidak salah, yang sedang duduk di samping Nyoman itu adalah pacarnya.**
iv) **Yang di atas meja itu adalah buku saya.**
v) **Menurut Ketut, yang mengajarkan bahasa Indonesia di sekolahnya adalah Bapak Wayan Sadi.**

Note:
We will see yet another use of **yang** in the next topic.

Asking 'What will we take?'

Perhaps you will want to ask what you need to take.
Say: **Apa yang akan kita bawa?**

Contoh:
Nyoman: **Apa yang akan kita bawa?**
Wayan: **Kita mesti membawa makanan yang cukup untuk kita berenam.**

Expressing hopes and wishes

There are a number of phrases which can be used to express your hopes and wishes.

1. Mudah-mudahan...

Mudah-mudahan means 'It is to be hoped that ..., or in English, we might simply say 'Let's hope that ...'

Baru!

Allah God
cewek girl/'chick'
diharapkan hoped for/expected
dikatakan to be said
dipanggil to be called
disewa to be rented/hired
ditemani to be accompanied
ditunggu to be awaited
harap hope
Insya Allah God willing
keranjang basket
ketupat rice cooked in a small container of young coconut leaves
koran newspaper
lumpia small spring roll
mahaguru professor
manisan sweets/dessert
mematung to sculpt/create a sculpture
memukul to hit/strike
mengajarkan to teach (a subject)
mengesankan impressive/to create an impression
moga-moga Let's hope that ....
praktis practical
samping alongside of
sebagai as
semoga let's hope that .....
terjatuh to be accidentally dropped
Tuhan God/the Lord

Besok kami akan bertamasya. Mudah-mudahan cuacanya tetap baik.

Contoh: i) **Nyoman akan menyewa sebuah bemo untuk perjalanan ke Bedugul itu. Mudah-mudahan dia berhasil menyewanya dengan harga yang cukup murah.**

ii) **Mudah-mudahan kita dapat berangkat sebelum jam tujuh pagi.**

iii) **Karena sakit Ida tidak ikut. Mudah-mudahan dia lekas sembuh.**

2. Saya harap...

Saya harap says, quite literally, 'I hope'. Use it like this:

Contoh: i) **Saya harap makanan yang saya bawa itu cukup untuk kita sekalian.**

ii) **Saya harap buah-buahan yang kamu beli itu manis dan enak.**

iii) **Saya harap kami tidak akan tersesat di jalan.**

3. Moga-moga...

Moga-moga is very similar to **mudah-mudahan**. It is like saying 'May it be that...', or 'Let's hope that...'

Contoh: i) **Setiba di Bedugul kita akan berjalan ke tepi Danau Bratan. Moga-moga cuaca akan terang karena saya ingin memotret.**

ii) **Film saya sudah habis. Moga-moga saya bisa membeli film lagi di kios dekat kolam renang itu.**

iii) **Alat pemotret itu terjatuh waktu turun dari bemo. Moga-moga tidak rusak.**

4. Semoga...

Semoga means the same as **moga-moga**, and is used in the same way.

Contoh: i) **Semoga darmawisata ke luar kota itu akan sangat memuaskan.**

ii) **Semoga Gede tidak lupa membawa gitarnya.**

iii) **Semoga kamu sekalian menikmati perjalanan itu.**

BERTAMASYA

63

5. Insya Allah

Insya Allah means 'God willing', and it is used by Moslem people when it is considered that the outcome could be dependent upon the will of God.

Contoh:
i) **Insya Allah kita akan tiba dengan selamat.**
ii) **Insya Allah kita dapat berjumpa lagi di masa depan.**
iii) **Insya Allah korban kecelakaan itu tidak meninggal.**

6. Diharapkan...

Diharapkan is, of course, the passive form of the verb **mengharapkan** which means 'to hope for' or 'to expect something' (in Indonesian there is very little, if any, difference between 'to hope' and 'to expect'). **Diharapkan**, then, means 'it is hoped' or 'it is expected'. Use it like this:

Contoh:
i) **Diharapkan kita akan pulang kira-kira jam enam sore.**
ii) **Bus dari Surabaya itu diharapkan akan sampai di Denpasar jam lima sore.**
iii) **Setiap orang diharapkan membawa makanan sendiri.**

Object-focus questions

The object-focus construction is commonly used when posing questions which ask about the object. To help us understand how object-focus questions are formed it will help if we begin by looking at a simple sentence and then by asking a question about the object. The following example is shown in both first/second person construction, and third person construction.

First/second person **Saya membawa sebuah gitar.**

Third person **Nyoman membawa sebuah gitar.**

In both sentences **sebuah** gitar is the object. We know how to express these sentences in object-focus construction.

First/second person **Sebuah gitar saya bawa .**

Third person **Sebuah gitar dibawa oleh Nyoman**

Awas!

The phrase **Insya Allah**, is not used if **Allah** (God) or **Tuhan** (The Lord) are mentioned in the same sentence. In these cases use **mudah-mudahan, moga-moga, or semoga**.

Contoh:
i) **Mudah-mudahan Tuhan selalu membimbing dan melindungi kita.**
ii) **Moga-moga pemimpin negara ini selalu dibimbing Allah.**
iii) **Semoga perjalanan kami mendapat perlindungan Allah.**

If we want to ask 'What did you bring?' or 'What did Nyoman bring?', then the object is really unknown. The object will be replaced by the question word. You will notice that is it also necessary to add the word **yang** after the question word.

First/second person **Apa yang Anda bawa?**

Third person **Apa yang dibawa oleh Nyoman?**

These are what we call object-focus questions, and they are very common indeed. Questions such as 'What did you buy?', 'What did she say?', 'Who did you invite?', 'What did the thief take?' etc., all ask about the object and are therefore usually expressed in object-focus construction. Of course, if the object being enquired about is a person, or a group of people, then the question word must be **siapa**, and not **apa**.

First/second person **Siapa yang Anda tunggu?**
Yang saya tunggu adalah guru saya.
atau
Saya menunggu guru saya.

Thrid person **Siapa yang ditunggu oleh Ketut?**
Yang ditunggu Ketut adalah gurunya.
atau
Ketut menunggu gurunya.

Here are some more examples of object-focus questions. Study them and determine their meaning, then make up answers to the questions.

i) **Apa yang diambil oleh pencuri itu?**
ii) **Apa yang kamu pinjam dari dia?**
iii) **Apa yang Saudara tunggu?**
iv) **Apa yang dibeli oleh ibu di pasar tadi pagi?**
v) **Siapa yang Anda pukul?**
vi) **Apa yang sedang ditontonnya?**
vii) **Siapa yang dipanggil oleh dia?**
viii) **Apa yang dikatakannya?**
ix) **Siapa yang ditemani oleh Sri?**
x) **Apa yang Saudara terima sebagai hadiah ulang tahun?**

Try it the other way. Here are a few answers. What questions would you ask to obtain these answers?

i) **Saya sedang membaca koran.**
ii) **Mereka membawa keranjang yang penuh dengan makanan.**
iii) **Ibu memasak lumpia dan ketupat.**
iv) **Saya sedang mencari teman saya.**
v) **Mereka membeli Coca-Cola di warung itu.**

TOPIC THREE

Siapa yang ditangkap oleh polisi itu?

Seorang perampok ditangkap oleh polisi itu.

Hiring something

We have learned the question structure **(Apa) saya bisa...** for asking if we can do something. We have used it in many different situations and we know that it means 'Can I?' In this case you will be asking:
(Apa) saya bisa menyewa..............?

Contoh:
Tuan Smith: Maaf Pak, saya bisa menyewa sebuah mobil di sini?
Pak Umar: Kami memang menyewakan mobil, tetapi apakah Tuan mempunyai SIM Indonesia?
Tuan Smith: Tidak, tidak ada, tetapi saya mempunyai SIM Australia.
Pak Umar: Maaf, Tuan. Kalau tidak mempunyai SIM Indonesia dilarang menyewa mobil.

S.I.M

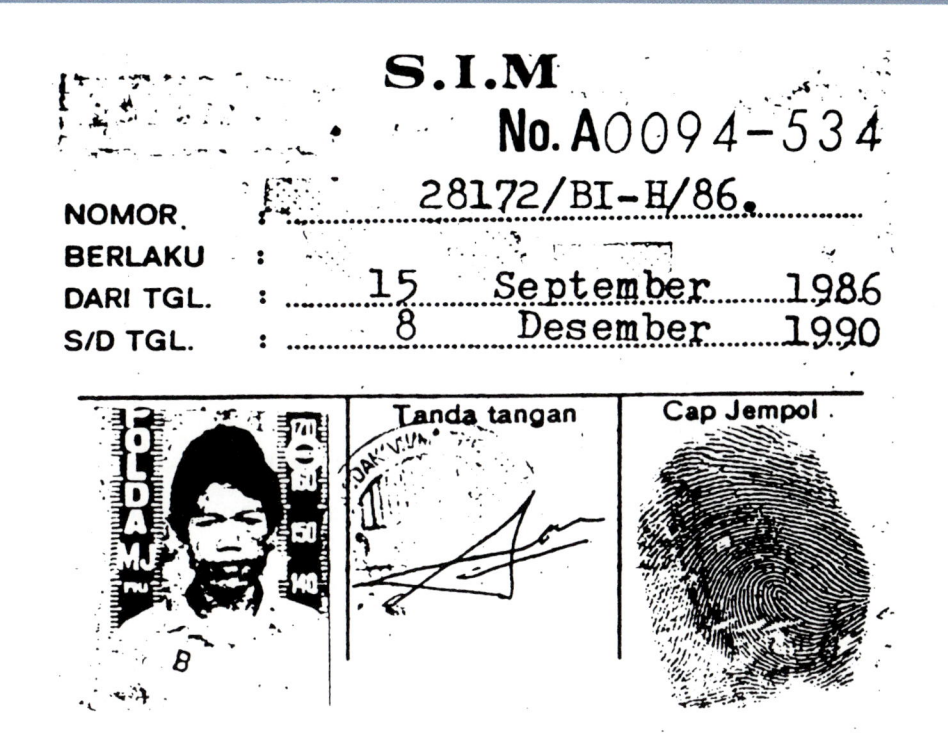

No. A0094-534

NOMOR	:	28172/BI-H/86.
BERLAKU		
DARI TGL.	:	15 September 1986
S/D TGL.	:	8 Desember 1990

Tanda tangan Cap Jempol

KEPOLISIAN NEGARA REPUBLIK INDONESIA
D A E R A H
METROPOLITAN JAKARTA RAYA DAN SEKITARNYA

Diberikan kepada : SUGIO.

Tempat/tgl. Lahir : Jakarta, 8-12-1962.
Alamat : Jl.H.Jian Rt.0013/03 Cipete Utara Jaksel.
Pekerjaan : Karyawan.
Golongan darah : (B).

A.n. KAPOLDA METRO JAYA
KADIT LANTAS
KASUBBAG SIM

MUHAMAD ABDUL RAHMAN
MAYOR POLISI NRP. 38609053

TOPIC THREE

Emphasising

We have already learned a number of ways to emphasise different parts of our sentences. Another strategy which we often use to stress an adjectival phrase is to show the consequence or outcome of the adjective. For example, in English, we often say things like 'He was so tired that he fell asleep in class'. This is a form of what we call an attributive sentence. To form this sentence structure in Indonesian we will use the following pattern:

demikian (adjective + **-nya**), **sehingga**...
atau
sedemikian (adjective + **-nya**), **sehingga**...

Contoh:
i) **Mastri sedemikian lelahnya sehingga dia tertidur di kelas.**
ii) **Air di kolam renang itu sedemikian dinginnya sehingga tidak ada orang di antara mereka yang berani berenang.**
iii) **Suhu udara di Bedugul kadang-kadang demikian sejuknya sehingga kita mesti mengenakan baju yang tebal.**

Verbs with the memper- prefix

The prefix **memper-** is, in fact, made up from two prefixes; the primary prefix **mem-** and the secondary prefix **per-**. In combination, this double-barrelled prefix has a number of effects. Perhaps the first thing that we should remember about **memper-** verbs is that they are *all* transitive, and we know what that means; they must be followed by a *direct* object. Let's look at some of the uses of the **memper-** prefix.

1. Verbs used in the me- or memper- form

There are some verbs which are commonly used in either the **me-** form or the **memper-** form. In these cases there is normally no difference in meaning.

Contoh: menggunakan   mempergunakan
Untuk membajak sawahnya petani menggunakan apa?
Untuk membajak sawah dia mempergunakan seekor kerbau.

mengenalkan   memperkenalkan
Alit mengenalkan orang Australia itu kepada siapa?
Alit memperkenalkan orang Australia itu kepada kawannya.

menghentikan   memperhentikan
Mengapa polisi itu memperhentikan lalu lintas?
Polisi itu memperhentikan lalu lintas karena ada kecelakaan di jalan.

Do not assume that for any verbs which have the **me-** prefix you can add the secondary prefix **per-**. Use only those **memper-** verbs which you have seen and learned.

2. Memper- + adjective

Verbs formed by combining the prefix **memper-** + adjective are similar in nature to those formed by the combination of **me-** + adjective + **-kan**. Notice, however, that if the **memper-** prefix is used, the **-kan** suffix is not used. The difference which exists in meaning between these two forms is not readily distinguishable in the English translation.

By way of example, **membesarkan** means 'to enlarge' and implies that we started with a small object and made it larger. Similarly, **memperbesar** also means 'to enlarge' but implies that we started with an object that was already quite large and made it even larger. Obviously, in English, it is not easy to express the original size of the object. In English, then, both words would simply be translated as 'to enlarge'.

Contoh:
i) **Petani itu memperluas sawahnya.**
ii) **Sri harus memperpanjang roknya karena rok itu terlalu pendek.**
iii) **Tetangga kami baru memperbesar rumah mereka.**

3. Memper- verbs + -i suffix

A few **memper-** verbs take the suffix **-i**.

Contoh: **memperbarui**
Kami harus memperbarui SIM sekali setahun.

memperbaiki
Sopir itu sedang mencoba memperbaiki mobilnya yang mogok di jalan.

mempelajari
Kami sedang mempelajari kesusasteraan Indonesia.

Note:
The root word **ajar** is something of an exception. When we studied the uses of the **ber-** prefix we noticed that for **ajar** the prefix was modified to become **bel-**. Similarly the **memper-** prefix is modified to become **mempel-**. Notice, also, that there is a slight difference between **belajar** meaning simply 'to study', and **mempelajari** meaning 'to make a detailed, in-depth study of something'.

4. Verbs used only in memper- form

Some verbs are only ever used in the **memper-** form.

Contoh: **memperbarui**
memperbaiki
memperhatikan

5. Memper- verbs in the object-focus or imperative form

We know that when verbs are used in the object-focus form (either first, second, or third person), or in the imperative form (commands) then the **me-** prefix must be dropped. It is important to remember that when dropping the **me-** prefix from **memper-** verbs, the **per-** prefix is retained.

Jalan ini sedang diperlebar.

BERTAMASYA

Contoh:
  i) Mobil kami yang rusak harus diperbaiki.
  ii) Kartu penduduk harus saya perbarui di kantor polisi.
  iii) Lalu lintas diperhentikan polisi karena ada kecelakaan di jalan.
  iv) Orang Australia itu diperkenalkan Alit kepada kawannya.
  v) Dua ekor kerbau dipergunakan oleh petani itu untuk membajak sawahnya.
  vi) Rok Sri diperpanjangnya karena terlalu pendek.
  vii) Demi keselamatan, tanda jalan harus diperhatikan benar.
  viii) Perhatikan tanda jalan itu!
  ix) Guru kami berkata 'Perhatikanlah!'.

Demi keselamatan, petunjuk dari polisi harus diperhatikan benar.

TOPIC THREE

What have we learned in this topic?

In this topic, **Bertamasya**, we have learned a large list of new words, a lot of useful language functions, and some very important points of grammar.

All of these are listed below for your revision purposes. If you revise all of this material carefully you should have no difficulty with the speaking, listening, reading and writing tests which your teacher will be giving your shortly.

Vocabulary

darmawisata picnic/excursion
demi for the sake of
dibimbing to be led
diperbaiki to be repaired
dipergunakan to be used
diperhatikan to be paid attention
diperhentikan to be stopped
diperkenalkan to be introduced
diperlebar to be widened
diperpanjang to be lengthened
ditangkap to be arrested/captured
keselamatan safety
kesusasteraan literature
lalu lintas traffic
masa time/era
masa depan the future
melindungi to shelter/protect
membimbing to lead
mempelajari to study in detail
memperbesar to enlarge
memperhatikan to pay attention to
memperhentikan to stop something
memperluas to widen
memperpanjang to lengthen
menangkap to arrest/capture
mengenalkan to introduce
mengharapkan to hope for/expect
menghentikan to stop something
menyewakan to rent/hire something to somebody
mogok break down
pemimpin leader
perampok robber/stick up person
Perhatikanlah! Pay attention!
perlindungan shelter/protection
rusak damaged/broken
sampai arrive
SIM (Surat Izin Mengemudi) driver's licence

Functions

1. Asking 'Who will bring...?
2. Asking 'Could you bring...?
3. Asking 'How will we get there?'
4. Asking 'Who will we invite?'
5. Saying whom you will invite
6. Saying whom you have invited
7. Asking 'What will we take?'
8. Expressing hopes and wishes
9. Hiring something
10. Emphasising

Grammar

1. Uses of **yang**
2. Object-focus questions
3. Verbs with **memper-** prefix

TOPIC FOUR

Di Hotel

Untuk mereka yang megadakan perjalanan di Indonesia, memilih penginapan yang cocok merupakan suatu hal yang perlu diperhatikan benar. Memang, penginapan yang dapat dipilih tergantung pada daerahnya. Di luar kota-kota besar, sama sekali tidak terdapat hotel internasional. Di sana mungkin hanya terdapat hotel yang kecil atau losmen saja, tetapi di kota-kota besar tersedia bermacam-macam penginapan, dari hotel-hotel yang bermutu internasional dan yang dilengkapi dengan segala macam fasilitas serta kemewahan, sampai losmen-losmen kecil dengan fasilitas yang sederhana saja.

Ruang masuk dan meja resepsi di sebuah hotel yang besar.

TOPIC FOUR

Di kota Jakarta, terdapat hotel-hotel internasional seperti Hotel Borobudur Intercontinental, Hotel Indonesia, Hotel Sari Pacific, Hotel Mandarin, Hotel Grand Hyatt dan banyak lagi. Hotel-hotel ini amat besar dan mewah. Semuanya dilengkapi dengan alat pendingin udara, kolam renang, beberapa restoran, klub malam, dan sejumlah toko kecil yang menjual beraneka macam barang. Selain itu di Jakarta tentu saja terdapat beratus-ratus hotel yang lebih kecil. Ada yang dilengkapi dengan alat pendingin udara, ada yang tidak.

Demikian juga di Pulau Bali. Ada hotel-hotel internasional, ada pula losmen dan hotel yang lebih kecil. Di Pulau Bali kebanyakan hotel yang bermutu internasional terdapat di daerah Sanur dan Nusa Dua, sedangkan losmen dan hotel yang lebih kecil terdapat di mana-mana. Marilah kita melihat dua buah tempat penginapan di Pualu Bali.

Salah satu hotel yang sangat besar dan mewah di Pulau Bali adalah Hotel Bali Hyatt di daerah Sanur. Jumlah kamar tamunya tiga ratus delapan puluh. Setiap kamar dilengkapi dengan alat pendingin udara, televisi berwarna, kulkas dan telepon. Setiba di hotel itu kita diterima oleh seorang pegawai hotel di ruang masuk. Ruang masuk itu berbentuk

DI HOTEL

seperti sebuah pendopo besar, yaitu hanya ada sebuah atap di atas tiang-tiang yang tinggi; dinding tidak ada. Sambil mendaftarkan diri di meja resepsi kita diberi minuman yang sedap sebagai tanda selamat datang. Sesudah selesai mendaftarkan diri kita akan dibawa ke kamar kita. Tentu saja kopor-kopor akan dibawa oleh seorang pesuruh hotel. Setelah beristirahat sebentar, mungkin kita ingin berjalan-jalan untuk melihat-lihat hotel itu. Kita akan mendapati sebuah disko dan klub malam, berpuluh-puluh toko, dan lima buah restoran. Luasnya kebun di hotel itu 15 hektar dan di kebun itu juga terdapat beberapa lapangan tenis, dan dua buah kolam renang yang luas. Mereka yang lebih suka berenang di laut hanya perlu berjalan seratus meter saja karena hotel itu dibangun di tepi pantai Sanur. Di sana para tamu hotel bisa berenang, menyewa sebuah perahu, atau berjemur di pantai.

Tidak dapat disangkal bahwa kebanyakan hotel di Pulau Bali, baik yang besar maupun yang kecil, terdapat di daerah sebelah selatan kota Denpasar, yaitu di daerah Nusa Dua, Sanur, Kuta dan Legian. Walaupun demikian, di daerah-daerah lain losmen dan hotel yang kecil makin lama makin banyak. Salah satu daerah yang amat populer dengan para

Kebanyakan hotel besar mempunyai kolam renang yang besar dan mewah.

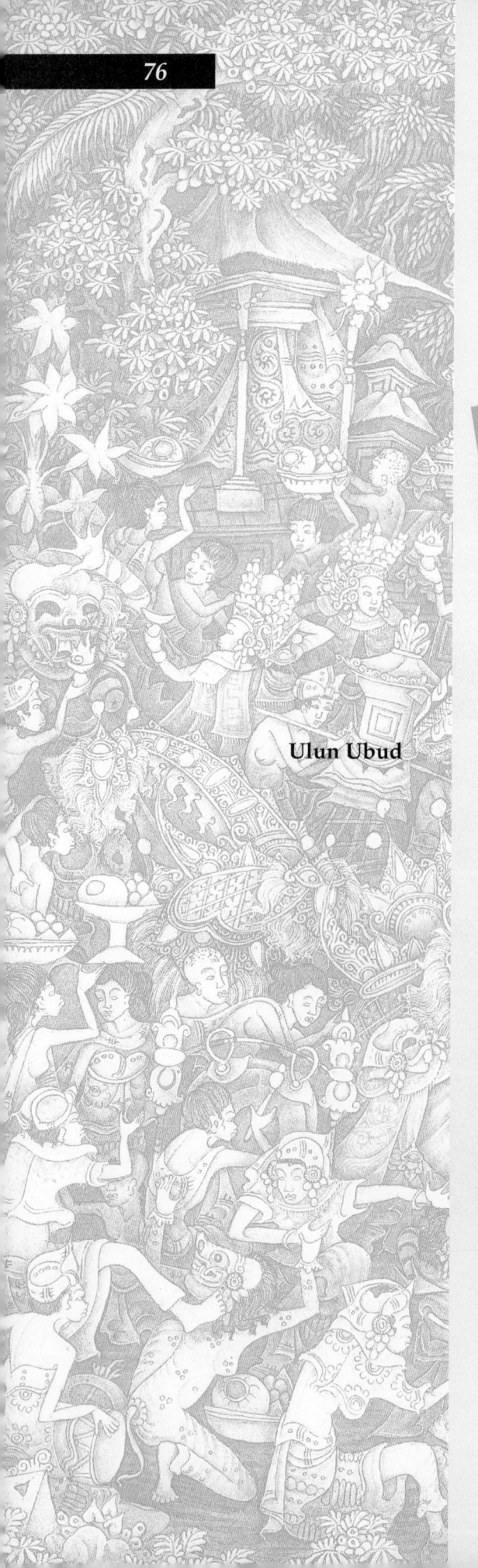

wisatawan adalah daerah di sekitar Ubud, sebuah kota kecil di sebelah utara kota Denpasar, yang terkenal karena banyaknya pelukis yang tinggal di sana. Boleh dikatakan semua hotel yang terdapat di kota Ubud agak kecil tetapi ada di antaranya yang cukup bersih dan mewah juga.

Ulun Ubud

Hotel Ulun Ubud terletak di lereng bukit yang curam sekali. Jumlah kamar tamunya hanya tiga puluh lima. Ada sebuah kolam renang yang agak kecil dan sebuah restoran yang baik. Karena terletak di lereng bukit, bukan main indahnya pemandangan dari sana! Terbentang di bawah kelihatan kota Ubud yang dikelilingi sawah-sawah yang kehijau-hijauan. Sayang, para tamu yang menginap di kota Ubud tidak bisa berenang di laut karena Ubud jauh sekali dari pantai. Akan tetapi, para wisatawan yang memilih menginap di kota Ubud biasanya lebih tertarik akan keindahan alam dan kebudayaan Bali yang terdapat di Ubud.

Memang jenis penginapan yang tersedia di Indonesia cukup banyak, dari losmen yang kecil dan yang sangat murah, sampai hotel-hotel bermutu internasional yang mewah tetapi cukup mahal juga. Kalau berkunjung ke Indonesia, pilihlah jenis penginapan yang paling cocok untuk keperluan Anda sendiri.

DI HOTEL

Alangkah indahnya pemandangan di daerah Ubud! Di lereng gunung-gunung kelihatan kehijau-hijauan pohon kelapa dan sawah yang bertingkat-tingkat.

Asking for a room with particular facilities

When you book into an hotel you may wish to request a room with particular facilities. Make your request like this:

Boleh minta kamar yang dilengkapi dengan...?

Contoh:
i) **Boleh minta kamar yang dilengkapi dengan alat pendingin udara dan lemari es?**
ii) **Boleh minta kamar yang dilengkapi dengan telepon dan televisi berwarna?**

Perhaps you will want to request a room that is located near something. Note how it is done in the following examples:

Contoh:
i) **Boleh minta kamar yang berdekatan dengan kolam renang?**
ii) **Boleh minta kamar yang berdekatan dengan ruang masuk?**
iii) **Boleh minta kamar yang berdekatan dengan pantai?**

Perhaps you will want to request a room with a lovely view. Say:

Boleh minta kamar dengan pemandangan yang indah dari jendelanya.

Baru!

agak quite/rather
alam nature
alat pendingin udara air conditioner
banyaknya the (large) number of
berjemur to sunbathe
berpendingin udara air conditioned
cocok suitable/appropriate
curam steep
dikelilingi surrounded
dilengkapi to be equipped with
hal a matter
kebudayaan culture
kehijau-hijauan greenish
keindahan beauty
kemewahan luxury/extravagance
lapangan bulu tangkis badminton court
lapangan tenis tennis court
luasnya extensiveness
mendaftarkan diri to register/enrol oneself
mendapati to find
merupakan to represent
pelukis artis
pesuruh messenger/porter/bellboy
pilihlah choose
resepsi reception
ruang masuk reception room/lobby
sejumlah a number of...
sekitar around
tiang pole
yaitu that is (i.e.)

GRAND HOTEL PREANGER
BANDUNG

YANG PERTAMA DAN SATU-SATUNYA HOTEL BINTANG LIMA
DI BANDUNG DAN DI PROPINSI JAWA BARAT

Hotel termewah di Bandung
dengan paduan gaya arsitektur modern dan art deco
menawarkan :

- 141 kamar tidur yang luas dan 46 kamar eksekutif yang unik
- 5 kamar yang mewah dan satu kamar presidensial
- Lobby berhiaskan pohon-pohon palem
- Coffee Shop yang nyaman dan sejuk
- Restoran dengan suasana mewah dan intim
- Ruang musik bergaya art deco
- Bar bersuasana romantis dengan alunan piano

dan

- Telepon internasional secara langsung • Pusat pelayanan bisnis
- TV berwarna dengan saluran satelit • Kartu kunci elektronik
- Video laser • Pusat kebugaran • Kolam renang • Area belanja
- Ruang konferensi / perjamuan berkapasitas sampai 400 orang
- Ruang - ruang rapat

Kantor pemesanan dan pemasaran :
PT AEROWISATA
MENARA DUTA BLDG, 2nd Floor
Jl. H.R. Rasuna Said Kav. B-9
Jakarta 12910, Indonesia
Telepon : (021) 5204107, 5207839
          515760, 515974
Fax   : (021) 5200405
Telepon langsung : (021) 5209202
Fax   : (021) 5209201

GRAND HOTEL PREANGER
BANDUNG

AN AEROWISATA HOTEL
GARUDA INDONESIA GROUP

Atau langsung ke :
GRAND HOTEL PREANGER
Jl. Asia Afrika 81
P.O. BOX 1220
Bandung 40111, Indonesia
Telepon : (022) 431631 (17 Lines)
Telex   : 28570 GHPBDO IA
          28733 GHPBDO IA
Fax   : (022) 430034

Describing the contents of rooms

To say what was provided in the room commence your sentence like this:
Perabot yang terdapat di kamar itu antara lain...

Contoh: **Perabot yang terdapat di kamar itu antara lain sebuah tempat tidur yang besar, lemari pakaian, lemari es, meja tulis, dan di dinding ada sebuah cermin yang besar dan sebuah lukisan yang sangat indah.**

If you want to go on to add a few more things you can continue by starting your next sentence with '**Ada pula...**'

Contoh: **Ada pula beberapa kursi besar yang enak diduduki, telepon dan fasilitas untuk membuat kopi atau teh panas.**

Saying what things are made from

To say what things are made from we use the phrase **terbuat dari**.

Contoh:
i) **Kursi dan meja kecil di kamar itu terbuat dari bambu.**
ii) **Gorden dan penutup tempat tidur terbuat dari kain batik yang halus.**
iii) **Lemari pakaian itu terbuat dari kayu jati yang diukir bagus.**

Enquiring about hotel services

Laundry service

It is likely that you will need to have some clothes washed and ironed. You can enquire about the laundry service in this way:
Ada pelayanan mencuci pakaian di hotel ini?
atau
Boleh minta pakaian ini dicuci dan disetrika?

TOPIC FOUR

Di Hotel Bali Hyatt, pelayanan kamar tersedia 24 jam sehari. Panggillah dengan telepon saja.

Baru!

berdekatan to be adjacent
cermin a mirror
dicuci to be washed
diukir to be carved/engraved
disetrika to be ironed/pressed
formulir a form
gorden curtain
isi contents (*see also* **mengisi**)
kayu wood/timber
kayu jati teak wood
lemari pakaian wardrobe
lukisan a painting
meja tulis desk
mengisi to fill
panggillah please call
penutup tempat tidur bedspread
pelayanan service
pelayanan kamar room service
pesuruh messenger/bell boy

Room service

If you want to ask whether room service is available ask:
Ada pelayanan kamar?
atau
Apakah makanan/minuman dapat dikirimkan ke kamar saya?

Enquiring about the Tariff

To ask how much it is going to cost you to stay at the hotel you can ask:
Tarif kamar di hotel ini berapa?
atau
Berapa sewa kamar di hotel ini?

Note:
In many of the large international hotels, the tariff will be quoted in US dollars, an indication of the fact that many of their guests are American tourists.
Study carefully the following conversation, paying particular attention to the language functions which we have learned recently.

Di meja resepi

Penerima tamu: Selamat sore, Ibu, Bapak. Selamat datang di hotel kami. Apakah sudah memesan kamar?
Pak Johnstone: Sudah. Kami sudah memesan kamar seminggu yang lalu. Nama kami Keluarga Johnstone.

DI HOTEL

Penerima tamu: Oh, begitu. Memang kamar Bapak sudah siap. Harap Bapak mengisi formulir ini dulu.
Pelayan hotel: Maaf, Bapak, Ibu, inilah minuman yang disediakan sebagai tanda selamat datang untuk para tamu. Silakan minum.
Pak Johnstone: Terima kasih banyak.
Pelayan hotel: Kembali, Pak.
Pak Johnstone: (*kepada penerima tamu*) Nah, formulir ini sudah saya isi semuanya. Tarif kamar ini berapa?
Penerima tamu: Ongkosnya Rp110.000 semalam, Pak.
Pak Johnstone: Dan apakah kamar itu dilengkapi dengan alat pendingin udara?
Penerima tamu: Tentu saja, Pak. Semua kamar di hotel ini berpendingin udara.
Pak Johnstone: Baiklah. Boleh minta sebuah kamar yang berdekatan dengan kolam renang?
Penerima tamu: Kamar Ibu Bapak kamar nomor 121. Hanya lima puluh meter saja dari kolam renang.
Pak Johnstone: Kalau begitu saya kira kami akan senang sekali menginap di sini.
Penerima tamu: Mudah-mudahan begitu. Pesuruh kami akan membawa kopor-kopor Ibu Bapak. Kalau ada keperluan apa saja, panggil saja saya dengan telepon.
Pak Johnstone: Terima kasih.

Emphasising the subject

When we want to emphasis the subject (the doer of the action) we again make use of the word **yang**. Take note of how this is done in the following sentence:

   Saya yang mengundang mereka.

In this sentence the use of the **yang** draws our attention to the subject (**saya**) and emphasises it. It is, therefore, like saying 'I'm the one (*and not somebody else*) who invited them'. Here are some more examples:

i) **Kami yang menyiapkan makanan itu.**
ii) **Saya yang minta dibangunkan pagi-pagi.**
iii) **Ketut yang menulis surat itu.**
iv) **Saya yang mengambil foto mereka.**
v) **Dia yang menginap di kamar di sebelah kamar saya.**

This is a good place to meet some of the many people who work at the Hotel Bali Hyatt. In each case note how the word **yang** is used to emphasise the subject.

Saya yang menerima tamu di depan hotel. Saya membuka pintu mobil mereka dan memanggil pesuruh untuk membawa kopornya. Nama saya Karya.

TOPIC FOUR

Saya yang menerima para tamu di meja resepsi. Di sini mereka mendaftarkan diri dan diberikan kunci kamar. Di sini juga mereka bisa menukar *traveller's cheque*. Saya bernama Sukantra.

Kalau ada tamu yang memesan makanan dari pelayanan kamar, saya yang mengantarkan makanan itu ke kamar mereka. Kami menyediakan baik masakan Indonesia maupun masakan Eropa. Nama saya Lotring.

Saya yang membuat bermacam-macam minuman untuk para tamu. Ada minuman yang mengandung alkohol, ada yang tidak. Saya bernama Gandra.

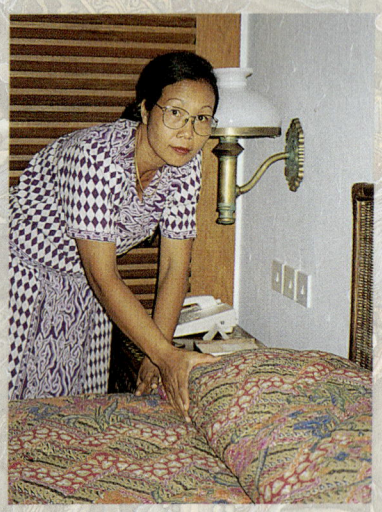

Saya yang membereskan kamar tamu di hotel setiap pagi. Tentu saja seprai serta handuk diganti setiap hari dan kamar dibersihkan betul. Saya bernama Rini.

Saya yang melayani para tamu di restoran. Sesudah mereka membaca daftar makanan saya mengambil pesanan mereka. Nama saya Sundari.

Saya yang memelihara kebun. Karena kebun di hotel ini amat luas, hotel ini mempekerjakan lima puluh lima orang tukang kebun. Nama saya Andi.

DI HOTEL

Asking if there is anything on tonight?

To ask if there are any entertainment programs on tonight ask:
Ada acara hiburan di sini nanti malam?

Contoh:
Pak Sujiman: Ada acara hiburan di hotel ini nanti malam?
Petugas hotel: Ada, Pak. Jam setengah delapan di 'Purnama Terrace' dipersembahkan tarian Legong bersama dengan acara makan Rijsttafel.

Di hotel-hotel yang besar, hampir setiap malam diadakan acara hiburan atau acara makan yang istimewa. Acara-acara tersebut seringkali diiklankan dalam surat kabar. Bacalah iklan-iklan yang diambil dari surat kabar ini.

PIZZA!

Sekarang Kintamani Gardens mempersembahkan Malam Pizza! Setiap hari Rabu, mulai jam 6 - 10 malam, kami mempersembahkan pesta pizza, yang dipanggang dalam oven-oven pizza kami dan dihidangkan dengan lezatnya di pinggir kolam renang yang indah. Datang dan cobalah pada hari Rabu ini.

Kintamani Gardens   BIR BINTANG   HOTEL BOROBUDUR INTER·CONTINENTAL

83

TOPIC FOUR

Musim hujan memberi kesan kesejukan dan kedamaian - membuat suasana keluarga lebih intim dan hangat.
Acara keluarga pada saat seperti ini mempunyai kesan tersendiri.
Bawalah mereka ke Hotel Sari Pacific untuk menikmati hidangan paling nikmat di musim hujan.
INDONESIAN RIJSTTAFEL BUFFET.
Khusus selama bulan Nopember dalam rangka Hari Ulang Tahun Hotel Sari Pacific yang ke-8 di Fiesta Coffee Shop pada hari Senin sampai Minggu, jam 18.30 – 23.00, hanya

Rp 6.500,- per orang

termasuk pajak dan servis.
Bagi keluarga besar, sebaiknya memesan tempat terlebih dahulu melalui telepon 323707 – Fiesta Coffee Shop.

Asking what there is to do?

You can ask what there is to do by using the question:
   Kegiatan apa yang dapat saya lakukan di sini?

Contoh:
Pak Ali: Kegiatan apa yang dapat kami lakukan di sini?
Petugas hotel: Di sini ada beraneka macam kegiatan untuk waktu terluang. Misalnya, Bapak dapat bermain tenis, bermain golf, dan berenang di kolam renang atau di pantai. Pada sore hari kami mempertunjukkan sebuah film, dan mulai jam delapan setiap malam Ibu Bapak dapat berdansa di 'Disko Matahari'.

DI HOTEL

Using the telephone

Making a local call

To ask if you may make a local phone call say:
   Bolehkah saya menelepon lokal dari sini?
The answer will probably be something like this:
   Boleh. Tuan menekan dulu angka nol, kemudian menekan nomor yang dipanggil.

Making a trunk call

To ask if you may make a trunk call say:
   Bolehkah saya menelepon interlokal dari sini?

'Which city do you want to call?'

It is likely that you will be asked which city you wish to call. You may be asked:
   Tuan mau menelepon kota yang mana?

'You have to go through the operator.'

To make a trunk call you probably have to go through the operator. You may be told:
   Tuan harus memanggil operator dengan menekan angka sembilan. Operator itu akan menyambungkan Tuan dengan nomor yang diperlukan.

Asking for your number

To ask the operator to connect you with a particular number say:
   Mohon disambung dengan nomor 730459.
As in English, telephone numbers are recited without using the words for hundreds and thousands.
   730459 = tujuh tiga nol empat lima sembilan.

Note:
The word **kosong** is often used in place of **nol** (zero).

Contoh: 730459 = tujuh tiga kosong empat lima sembilan.

Baru!

alkohol alcohol
angka numeral
begini (it's) like this...
dibersihkan to be cleaned
dieja to be spelt
diganti to be changed/replaced
diiklankan to be advertised
dipersembahkan to be offered/presented
disambung to be connected
ejaan the spelling
handuk towel
interlokal long distance/trunk call
lokal local
mempekerjakan to employ
menekan to press something
mengalami to experience
menukar to swap/exchange
menyambungkan to connect
menyelamatkan to save/rescue
menyetrika to iron/press
mohon request
nol zero
operator operator
petugas employee
seprai bedsheets
tekanlah press
tukang kebun gardener

TOPIC FOUR

Who's calling please?

When you get through, people often want to ask *'Who's calling, please?'* In this situation, Indonesians will say **'Dari mana, Pak/Bu?'**. This is quite tricky because, to foreigners, it sounds as if they are asking *'Where are you calling from?'* when in actual fact they are asking *'Who's calling please?'*

May I speak with...?

To ask for the person that you wish to speak with say:
    Selamat malam. Saya boleh berbicara dengan..........?

Dealing with confusion: spelling

Sometimes we find that we have difficulty understanding what another person has said. This is particularly common with names and addresses which can be difficult to catch for the first time. Perhaps you will need to ask somebody to spell something, or perhaps you will need to spell something yourself. If you want to ask somebody to spell something say:
    Mohon dieja.

To indicate that you are going to spell something say:
    Ejaannya begini,...

Contoh:
Operator: **Selamat pagi, Hotel Bali Beach.**
Tuan Smith: **Selamat pagi. Apa saya boleh berbicara dengan Mr Tomlinson. Kalau tidak salah dia menginap di situ.**
Operator: **Maaf, Pak, namanya siapa?**
Tuan Smith: **Mr Tomlinson.**
Operator: **Maaf, Pak, mohon dieja.**
Tuan Smith: **Ejaannya begini, T-O-M-L-I-N-S-O-N.**
Operator: **Oh begitu, Mr Tomlinson. Harap tunggu sebentar, Pak.**

Listen to the sounds of the Indonesian alphabet on the casette recording and mimic it. You will need to be able to produce these sounds when you want to spell something.

O la la!
Anda telepon

VIT datang

Air minum segar Teknologi VITTEL Perancis

- Diolah dengan teknologi VITTEL Perancis.
- Diawasi secara ketat oleh VITTEL, perusahaan air minum terkemuka di Perancis sejak 1854.
- Pembuatan botol dan pengisiannya dilakukan sendiri sehingga mengurangi kontaminasi.
- Pengiriman tepat waktu.
- Dispenser dapat dibeli/sewa.

Teleponlah sekarang juga. Kami siap selalu melayani pesanan Anda.

JAKARTA: 372127, 326602, 6604165, 8299417. KARAWANG: (0267) 401860
CILEGON: 91350. BANDUNG: 502002, 500583. CIREBON: 206052. MEDAN: 522819.
BATAM: 458410, 456551. DUMAI: (0765) 31172. PEKANBARU: (0761) 33270.
PADANG: (0751) 31354. PALEMBANG: (0771) 312410. LAMPUNG: (0721) 44502.
JAMBI: (0741) 25808. PONTIANAK: (056) 34854, 32088.

Teknologi VITTEL Perancis

VIT®

Air Minum Berbagai Bangsa

TOPIC FOUR

Conditionals: if...then...

With probable relationships

Kalau, **jika**, and **jikalau**, all mean 'if', when the condition being described is quite probable. Many poeple, however, use these words incorrectly, especially **kalau**. These words are conditionals and can only be used when expressing conditional relationship; that is when we are saying 'If (this), then (that)'. Take note of how the conditional relationships are expressed in the following examples:

Contoh:
i) **Kalau teman saya datang, harap panggil saya.**
ii) **Jika dia datang, saya akan sangat gembira.**
iii) **Jikalau dia datang, kami akan makan bersama di restoran.**

Note:
It is quite acceptable to phrase these conditional relationships in the reverse order.

Contoh:
i) **Harap panggil saya, kalau teman saya datang.**
ii) **Saya akan sangat gembira, jika dia datang.**
iii) **Kami akan makan bersama-sama di restoran, jikalau dia datang.**

With improbable relationships

Sometimes we use conditional relationships when it is very unlikely, perhaps even impossible, that the primary condition can be fulfilled. In these sentences we will use the conditional **andaikata**.

Contoh:
i) **Andaikata menang lotto, saya tidak perlu bekerja lagi.**
ii) **Andaikata saya seorang jutawan, saya akan membeli sebuah mobil Ferrari.**
iii) **Andaikata saya seorang perempuan, saya akan menjadi peragawati.**

Again, the conditional relationships can be phrased in the reverse order.

Contoh:
i) **Saya tidak perlu bekerja lagi, andaikata menang lotto.**
ii) **Saya akan membeli sebuah mobil Ferrari, andaikata saya seorang jutawan.**
iii) **Saya akan menjadi peragawati, andaikata saya seorang perempuan.**

Awas!

You cannot use, **kalau**, **jika**, or **jikalau** in a sentence such as 'I will ask her if she wants to dance', since your asking her is not conditional upon whether or not she wants to dance. In this kind of sentence you must use **apakah** as a conjuction meaning 'whether or not' (see *Stage Two*, page 137).

Saying 'If it's no trouble'

Sometimes, when making requests, we want to point out that we do not really want to put the person to any trouble. We can do this by using the phrase **Kalau tidak mengganggu**.

Contoh: i) **Kalau tidak mengganggu, saya boleh memotret di sini?**
ii) **Kalau tidak mengganggu, saya boleh menyimpan kopor saya di sini?**
iii) **Kalau tidak mengganggu, saya boleh duduk di sini?**

Excusing yourself

In Indonesian there are two words for 'excuse me', **maaf** and **permisi**.

Maaf

We have already used **maaf** in a number of different situations. **Maaf** is used when asking to be excused for something that you have failed to do, when apologising for having done wrong, for interrupting somebody, or when imposing upon somebody.

Contoh: i) **Maaf, Pak, kamar Bapak belum saya bereskan.**
ii) **Maaf, Bu, ada pesan dari Pak Hadi.**
ii) **Maaf, Pak, saya boleh minta bantuan?**

Permisi

Permisi, or **Permisi dulu**, is used to excuse yourself when taking leave.

Contoh: i) **Permisi, Bu, saya harus pulang sekarang.**
ii) **Permisi dulu, Pak, saya perlu menelepon kantor saya.**

TOPIC FOUR

Saying 'If you want to'

When making suggestions we often precede it with the phrase 'If you want to'. In Indonesian, say:

Kalau ingin, ...

atau

Kalau mau, ...

Contoh: **Kalau ingin, Bapak bisa mengunjungi tempat-tempat yang menarik di pulau ini, misalnya Pura Besakih, Pura Tanah Lot atau Bedugul. Kalau mau, Bapak boleh mengurus perjalanan itu di kantor agen pariwisata di tingkat ketiga.**

Kalau mau, kita bisa menyewa perahu layar di pantai Sanur. Dengan perahu itu kita bisa berlayar dekat pantai Sanur. Angin di sana sejuk dan segar, sedangkan air laut biru dan jernih. Ongkos sewa perahu layar tidak begitu mahal.

Requesting something

If you need to ask for something you can use either **minta** or **mohon**.

Contoh:
 i) Minta diberi sebuah bantal lagi.
 ii) Mohon diberi sebuah selimut lagi.
 iii) Mohon agar kendi diisi dengan air minum lagi.

DI HOTEL

Prohibitions

Official prohibitions are usually introduced with the word **dilarang.**

Contoh: **Dilarang masuk, kecuali petugas hotel!**
Study the following signs. Can you work out what it is that you are *not* allowed to do?

DILARANG PARKIR DIDEPAN PINTU INI

DILARANG MENYEBERANG JALAN KECUALI PADA TEMPAT YANG DI TENTUKAN

DILARANG BUANG SAMPAH DISINI

DI LARANG BERJUALAN DI SEKITAR TEMPAT INI

TOPIC FOUR

Making a complaint

Occasionally it may be necessary to make a complaint. In Indonesian making a complaint is always done as politely as possible, even to the point of beginning with the word **maaf**. It is rather like saying 'I'm terribly sorry to trouble you but...'

Contoh:
i) **Maaf, tapi kamar saya belum dibersihkan.**
ii) **Maaf, di kamar saya tidak ada handuk. Mohon handuk dikirimkan dengan segera.**
iii) **Maaf, alat pendingin udara di kamar saya tidak jalan. Mohon agar diperbaiki secepat-cepatnya.**

Cultural note

It goes against the Indonesian way of doing things to make complaints. It is just not in their nature to do so and Indonesians will, wherever possible, avoid making an official complaint. When it must be done, etiquette dictates that it be done with good grace. There is no point in jumping up and down, for you will just be seen as an uncouth foreigner. Be polite and smile. Avoid making complaints against individuals. Rather, make your complaint in a manner which suggests that 'this is really nobody's fault, but something is not quite right here'.

DI HOTEL

What have we learned in this topic?

In this topic, **Di Hotel**, we have learned a large list of new words, a lot of useful language functions, and a very important point of grammar.

All of these are listed below for your revision purposes. If you revise all of this material carefully you should have no difficulty with the speaking, listening, reading, and writing tests which your teacher will be giving you shortly.

Function

1. Asking for a room with a particular facilities
2. Describing the content of rooms
3. Saying what things are made from
4. Enquiring about hotel services
5. Enquiring about the tariff
6. Emphasising the subject
7. Making a phone call
8. Dealing with confusion: Spelling
9. Asking if there is anything on
10. Asking 'What is there to do?'
11. Saying 'If you want to'
12. Requesting something
13. Saying 'If it's no trouble'
14. Excusing yourself
15. Making a complaint
16. Prohibitions

Grammar

Conditionals: **kalau**
jika
jikalau
andaikata

Vocabulary

agen agent/agency
andaikata if
bagasi baggage/luggage
bantal pillow
bergembira to be happy
diisi to be filled
dilarang forbidden
dipertunjukkan to be shown
ditentukan to be determined/specified
jernih clear/pure (for fluids)
jika if
jikalau if
kendi water jug
layar screen/sail
lotto lottery
membuang to throw away/discard
mempertunjukkan to show something
menang to win
mengganggu to annoy/interfere
menyeberangi to cross to the other side
menyuruh to order/to instruct/to command
perahu layar sailing boat
permisi excuse me (when leaving)
permisi dulu excuse me (when leaving)
secepat-cepatnya as fast as possible
sampah rubbish/trash
selimut a blanket
sewa the rent
soal matter/problem/question
suruh *see* **menyuruh**
tapi but (**tetapi**)
terluang empty/vacant
tertumpah to be spilled accidentally
waktu terluang leisure time

TOPIC FIVE

Media Massa

Di Indonesia, seperti juga di negara-negara lain, kehidupan penduduk sangat dipengaruhi oleh media massa, baik media elektronik maupun media cetak, karena hampir setiap hari kita mendengarkan radio, menonton televisi, dan membaca surat kabar atau majalah. Mau tak mau, pendapat dan pikiran kita sangat dipengaruhi oleh berita yang kita terima dari sumber-sumber itu.

Media berfungsi dua; memberitahu dan menghibur rakyat. Di Indonesia, mereka yang kehausan akan berita dan hiburan dapat memilih dari beraneka macam sumber.

RRI adalah singkatan Radio Republik Indonesia, pelayanan radio yang dimiliki oleh pemerintah. Di setiap ibu kota propinsi ada sedikit-dikitnya sebuah pemancar RRI. Pasti terdapat juga, beberapa pemancar radio yang dimiliki oleh perusahaan swasta. Setiap pemancar radio swasta diberi nama, misalnya *Radio Sonora*, *Radio Lydia* dan *Radio Prambor*. Melalui radio kita dapat mendengarkan warta berita nasional, wawancara dan laporan yang penting, serta lagu-lagu yang populer, baik lagu Indonesia maupun lagu barat.

MAAF, MULAI MARET INI ANDA PUNYA 53 ACARA BARU!

PLUS 18 jam keasyikan dalam satu hari.

ANteve makin kokoh mengudara. **Mulai 1 Maret 1994**, buka jam **06.00 WIB** dan selama **18 jam sehari** ruang Anda akan marak dengan warna-warni acara ANteve ... puluhan acara yang dijamin memberi keasyikan bagi siapa pun di keluarga Anda. Ada kartun khusus untuk anak-anak ... lucu dan eksyen seperti : **Hello Kitty's, Blinky Bill, Biker si Tikus Mars, James Bond Jr** ...
Ada kuis-kuis asyik, menggemaskan dan kocak... untuk keluarga maupun para kawula muda. Film-film seri juga tampil lebih memikat ... keras mendebarkan seperti **Rat Patrol, StuntMaster** atau **Counter Strike, World Gladiators**... lucu namun menyentuh seperti **Hearts Afire** (dibintangi John Ritter), **St. Elsewhere, Thirtysomething, Family Reunion**... ilmiah menggelikan seperti **Beakman's World, Why Didn't I Think of That, 9B**...
Dan ... jangan lupa acara-acara besar yang mulai jadi pilihan seperti : **Minggu Megah** (film besar Minggu malam), **Sinema Senin** (film-film kolosal), **Sensasi Selasa** (yang memang sensasional), **Tinju Jumat** (adu tinju terbesar di abad ini)dan **Sabtu Seru** (film-film eksyen malam Minggu) ...
pokoknya :**18 jam sehari,**
ANteve asyik!

AN teve

JAMES BOND JR

Jakarta, UHF 47 - Bandung, UHF 58 - Surabaya, UHF 24 - Lampung, UHF 45.

TOPIC FIVE

Para penyiar radio di studio Radio Sonora.
(Photograph courtesy *Kompas*)

Sejak tahun 1962 juga ada siaran televisi di Indonesia. Stasiun televisi yang pertama di Indonesia dimiliki oleh pemerintah. Stasiun itu disebut Televisi Republik Indonesia, tetapi lebih terkenal dengan singkatan TVRI. Dewasa ini ada juga beberapa stasiun televisi swasta, termasuk RCTI, SCTV, TPI, AN-TEVE dan INDOSIAR. Dengan adanya teknologi satelit, siaran-siaran televisi itu sekarang bisa ditangkap di kebanyakan tempat di kepulauan Indonesia. Selain itu, makin lama makin banyak keluarga yang mampu membeli parabola. Dengan parabola mereka dapat menangkap siaran televisi dari luar negeri, khususnya dari Malaysia, Singapura dan Australia. Oleh karena itu, siaran televisi kian hari kian populer, baik sebagai sumber berita maupun sebagai sumber hiburan rakyat. Dengan menonton siaran warta berita melalui televisi, penduduk dapat melihat dengan mata sendiri kejadian yang penting serta mengikuti perkembangan politik dan ekonomi, baik di dalam maupun di luar negeri. Ada pula bermacam-macam siaran hiburan, termasuk film, acara musik, dan cerita lucu untuk anak-anak kecil.

Membuat laporan untuk siaran warta berita melalui TVRI.
(Photograph courtesy *Kompas*)

MEDIA MASSA

Surat kabar juga merupakan sumber berita yang penting bagi masyarakat Indonesia. Berlainan denga surat kabar di Australia, surat kabar di Indonesia biasanya hanya terdiri dari delapan atau dua belas halaman saja. Berita tentang kejadian yang penting biasanya dimuat pada halaman depan, sedangkan berita olahraga biasanya dimuat pada halaman belakang. Kebanyakan surat kabar juga memuat iklan-iklan, acara bioskop, dan acara televisi. Di kota Jakarta jumlah harian yang diterbitkan tak kurang dari sepuluh. Yang terkenal di antaranya adalah *Kompas*, *Suara Karya* dan *Suara Pembaruan*. Di kota yang lain diterbitkan juga koran-koran yang kadang-kadang memakai nama yang sama dengan koran di ibu kota, tetapi isinya tidak persis sama. Berita yang penting memang sama, tetapi isi lainnya agak berbeda, karena koran yang diterbitkan di luar ibu kota memuat berita tentang daerahnya masing-masing.

Surat kabar biasanya mulai dicetak pada pukul dua belas tengah malam supaya siap dijual di kota pada waktu fajar.
(Photograph courtesy *Kompas*)

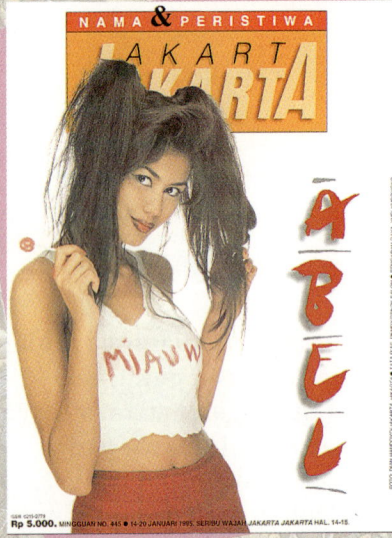

Selain surat kabar, juga diterbitkan beraneka macam majalah, baik mingguan maupun bulanan. Ada majalah teknik, majalah yang memuat berita politik dan ekonomi, majalah yang dimaksudkan untuk kaum wanita, dan yang dimaksudkan untuk para remaja.

Intisari adalah nama sebuah majalah bulanan yang memuat artikel-artikel pendek tentang bermacam-macam hal. *Intisari* sangat menyerupai majalah *Reader's Digest* dalam bahasa Inggris. Majalah *Hai* adalah sebuah majalah yang dimaksudkan khususnya untuk para remaja pria. Majalah itu memuat berita tentang busana laki-laki, olahraga, kegiatan pria, musik, dan orang yang sangat terkenal. *Jakarta Jakarta* adalah sebuah majalah lain yang sangat populer di antara para remaja, baik pria maupun wanita. Yang dimuat dalam majalah *Jakarta Jakarta* adalah berita tentang busana, penyanyi dan bintang film yang terkenal.

Selain itu terdapat banyak sekali majalah yang dimaksudkan untuk kaum wanita. Yang terkenal dan yang paling bermutu di antara majalah-majalah tersebut adalah majalah *Gadis* dan *Femina*. *Gadis* dimaksudkan untuk perempuan belasan tahun, sedangkan *Femina* dimaksudkan untuk kaum wanita yang lebih dewasa. Kedua majalah tersebut memuat cerita romantis serta berita yang seharusnya diketahui oleh kaum wanita di Indonesia; busana, resep masakan, nasihat tentang kesehatan dan lain-lain. Karena maksud majalah *Gadis* ialah melayani minat perempuan belasan tahun, maka majalah itu sering juga memuat cerita tentang bintang film atau penyanyi pop.

MEDIA MASSA

Saying 'It's inevitable'

When you want to indicate that something is inevitable, that it will happen *whether you want it to or not*, you can use the phrase **mau tak mau**. We saw an example of this during the introductory reading to this topic:

> Mau tak mau pendapat dan pikiran kita sangat dipengaruhi oleh berita yang kita terima melalui media massa.

Here are some more examples.
 i) Mau tak mau, setiap orang harus membayar pajak.
 ii) Mau tak mau, kita mesti bekerja.
 iii) Mau tak mau, anak-anak kecil harus bersekolah.
 iv) Mau tak mau, kita mendengar suara adzan dari mesjid setiap hari.
 v) Mau tak mau, berita itu harus kita laporkan kepada polisi.

Saying 'at least'

In Indonesia there are a number of different ways to say 'at least'. We have already seen the use of **sedikit-dikitnya** in an earlier topic.

> *Contoh:* Setiap hari, sedikit-dikitnya sejuta orang membaca surat kabar *Kompas*.

Two other very similar words can be used in the same construction. Instead of **sedikit-dikitnya**, we can use **setidak-tidaknya** or **sekurang-kurangnya**. Study the following sentences carefully and note how we use **sedikit-dikitnya**, **setidak-tidaknya**, or **sekurang-kurangnya** meaning 'at least'.

 i) Wajah peragawati yang terkenal itu, setidak-tidaknya sepuluh kali sudah ditampilkan pada sampul majalah *Femina*.
 ii) Majalah itu sangat tebal; sedikit-dikitnya dua ratus halaman.
 iii) Surat kabar itu memuat sekurang-kurangnya tiga halaman yang penuh dengan iklan saja.

Baru!

berfungsi to function
busana fashion
dicetak to be printed
dimaksudkan intended to be...
dimuat to be held/carried (see **memuat**)
dipakai to be used
diterbitkan to be published
ekonomi economy
elektronik electronic
media massa the mass media
melayani to serve
memiliki to own
memuat to hold/carry (e.g. a news story)
menghibur to entertain
mengikuti to follow
minat interest/interests
mingguan weekly
pemancar transmitter
penyiar announcer
perkembangan developments
persis exactly/precisely
pikiran thoughts
politik politics/political
remaja adolscent/young people
resep masakan recipe
saluran a channel
siaran a broadcast
singkatan abbreviation
sumber source
swasta privately owned
teknik technical
tercetak printed
wawancara an interview

Note:
The use of **setidak-tidaknya** is not restricted to sentences which indicate a minimum number. It can also be used meaning 'at least' in sentences such as 'It's cold today, but at least it's not raining', or 'At least you could have told me'. Note how they are used in this way in the following examples:

Contoh:
i) **Banyak orang di Indonesia tidak mampu membeli sebuah televisi tetapi setidak-tidaknya mereka dapat mendengarkan berita melalui radio.**

ii) **Pak Sujiman tidak senang bekerja di pabrik itu tetapi setidak-tidaknya dia mempunyai pekerjaan.**

Note:
In theory, the words **sedikit-dikitnya** dan **sekurang-kurangnya** can also be used in this way. In practise, however, to most Indonesians **sedikit-dikitnya** and **sekurang-kurangnya** sound strange when used in this way.
In practise they are usually only used to talk about a minimum number.

In the introductory reading to this topic we saw that **tak kurang daripada** is another phrase for saying 'at least'. It is important to remember that **tak kurang daripada** can only be used when referring to a minimum number. Literally, it means 'not less than'.

Contoh: **Majalah itu sangat laku. Jumlah pembacanya tak kurang daripada satu setengah juta orang setiap minggu.**

Asking what programs are on television

To ask what programs are on television tonight we can ask:
   Acara apa yang disiarkan televisi nanti malam?

MEDIA MASSA

Asking about somebody's favourite program

If you want to ask somebody what their favourite television program is you can ask:

Apa acara televisi yang paling kamu sukai?
atau
Apa acara televisi yang paling kamu senangi?
atau
Apa acara televisi kesayanganmu?

> *Acara kesayangan saya adalah Murder She Wrote. Diputar AN-TEVE pada Sabtu malam.*

Asking what a particular program is about

When you want to ask what a particular program is about you can ask:

Tentang apa acara itu?
atau
Acara itu tentang apa?

Contoh:

Ketut: Acara *Murder She Wrote*, tentang apa?
Made: Acara tersebut tentang seorang wanita yang berumur kira-kira enam puluh. Dia seorang pengarang yang mengarang buku tentang pembunuhan. Karena itu, dia sering membantu para polisi menyelesaikan kasus pembunuhan yang benar-benar terjadi di kotanya.

Note:
Fungsi ini juga boleh kita gunakan untuk bertanya tentang isi buku, majalah, dan lain-lain.

Contoh: i) **Buku itu tentang apa?**
ii) **Tentang apa majalah itu?**

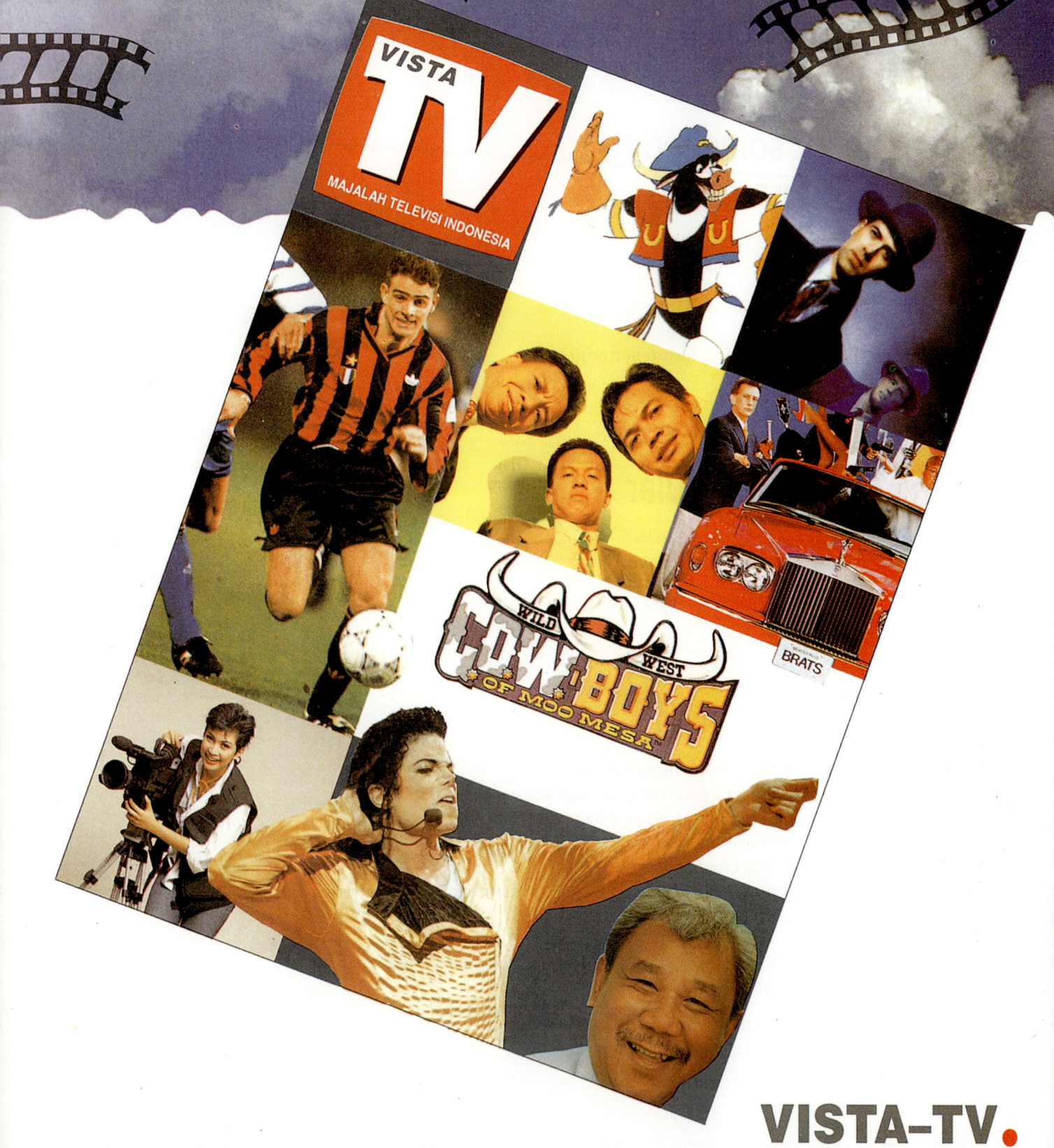

VISTA-TV.
"STASIUN" TV MENARIK. LUAR–DALAM.

"Perang" acara televisi sudah di sini ! Pesta siaran nasional dan mancanegara! Tapi, bagaimana kalau acara kesayangan luput dari perhatian Anda? ● Jangan kecewa. Baca VISTA-TV! Majalah TV *Guide* yang pertama di Indonesia! Meliput siaran nasional dan global! ● Baca VISTA -TV! Majalah sekaligus "stasiun" Anda ke dunia layar kaca! ● Tidak hanya acara, tapi juga cerita di balik kaca. Tidak hanya data, tapi juga ulasan menyingkap fakta. ● VISTA-TV! Cara istimewa menikmati pesta siaran nasional dan global!

TV GUIDE PERTAMA DI INDONESIA

MEDIA MASSA

TVRI

SELASA, 24 JANUARI
- 14.30 Film Anak:Hassai Sensei
- 15.05 Dilentasia
- 15.30 Film Seri: Willing And Abel
- 16.30 Film Pengetahuan
- 17.00 Berita TVRI
- 17.30 Pelajaran bahasa Inggris
- 18.05 Negeri Tercinta Nusantara Sulawesi Selatan
- 18.15 Siaran Pedesaan
- 18.30 Film Dokumenter
- 19.00 Berita TVRI
- 19.30 Wawasan
- 20.05 Drama Modern: Bila Malam Tanpa Rembulan
- 21.00 Dunia Dalam Berita
- 21.30 Profil Dan Lagu
- 22.35 Berita Terakhir
- 22.45 Film Cerita: Big Game

PROGRAMA 2
- 16.30 Film Seri: "Battle Star Glactica"
- 17.30 Berita Ibukota & Agenda Jakarta
- 18.00 Film Seri "Swans Crossing" Epi. 20
- 18.30 English News Service
- 19.00 Berita TVRI
- 19.30 Cita Judul: Dasi Motif Tradisional
- 20.00 Film Seri "Wild Cat" Epi.141-142

RABU, 25 JANUARI
- 14.20 Film Boneka "Prince Valliant"
- 15.05 Gita Wcak Fantasi: Pani Sakti
- 15.30 Film Picara: Amin Dan Udin Bag. II
- 16.05 Drama Komedi: Jamu Gendong
- 16.30 Film Dokumenter
- 17.00 Berita TVRI
- 17.30 Pembinaan Bahasa Indonesia: Anda Bertanya Kami Menjawab
- 18.05 Negeri Tercinta Nusantara Maluku
- 18.15 Siaran Pedesaan
- 18.45 Langka Tapi Nyata
- 19.00 Berita TVRI
- 19.30 Asia Bagus
- 20.05 Spektrum
- 21.00 Dunia Dalam Berita
- 21.30 Budaya Tradisional
- 22.35 Berita Terakhir
- 22.45 Film Cerita: A Beath Of Scandal

TPI

SELASA, 24 JANUARI
- 15.00 Lawak
- 15.30 Titian Ilmu
- 16.00 Titian Ilmu
- 16.30 Lenong Bocah HUT TPI II
- 17.00 Musik
- 17.30 Sinetron Seri: Pepesan Kosong
- 18.00 Lazuardi Imani
- 18.30 Serbaneka
- 19.00 Berita TVRI
- 19.30 Ali Oncom
- 20.00 Benyamin Show
- 21.00 Dunia Dalam Berita
- 21.30 Film: Do Qaidi
- 00.30 Tabir Malam
- 00.45 Berita Terakhir

RABU, 25 JANUARI
- 05.30 Kuliah Subuh
- 06.00 Selamat Pgi Indonesia
- 06.45 Bisnis Hari Ini
- 07.00 Berita TVRI
- 07.30 Titian Ilmu
- 08.00 Titian Ilmu
- 08.30 Muisik Pop Indonesia
- 09.00 Lawak
- 09.30 Film Seri:Oshin
- 10.00 Lenong Bocah
- 10.30 Kaca Benggala
- 11.00 Kuis Humor
- 12.00 F 2
- 13.00 Sinetron Prestasi
- 13.30 Bunga Rampai Prestasi TPI
- 14.00 Film Two Of Hearts
- 15.00 Lawak
- 15.30 Titian Ilmu
- 16.00 Titian Ilmu
- 16.30 Lenong Bocah HUT TPI
- 17.00 Musik Ace Of Base
- 17.30 Sinetron: Pepesan Kosong
- 18.00 Lazuardi Imani
- 18.30 Serbaneka
- 19.00 Berita TVRI
- 19.30 Drunken Fist
- 20.00 Komedi
- 21.00 Dunia Dalam Berita
- 21.30 Film Scoop
- 22.30 Loko Musik Dunia
- 23.30 Tabir Malam
- 23.45 Berita Terakhir TVRI

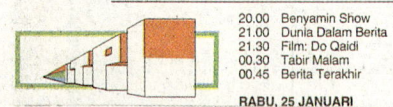

RCTI

SELASA, 24 JANUARI
- 15.00 The Six Million Dollar Man
- 16.00 Prahara Di Edo
- 17.00 Ksatria Baja Hitam
- 17.30 T And T
- 18.00 Ada-ada Saja
- 18.30 Seputar Indonesia
- 19.00 Berita TVRI
- 19.30 Mahkota Majapahit
- 20.00 Film Seri: Cobra
- 21.00 Dunia Dalam Berita
- 21.30 Film Seri: Judge Bao
- 22.30 Aneka Dialog
- 23.30 Buletin Malam
- 00.00 Another World
- 01.00 Berita Terakhir TVRI

RABU, 25 JANUARI
- 05.30 Hikmah Fajar
- 06.00 Nuansa Pagi
- 08.00 Selera Nusantara
- 08.30 Film Seri: Delta
- 09.30 Film Asia:Hati Seorang Wanita
- 11.00 Spesial:Picking Up The Pieces
- 12.00 Buletin Siang
- 12.30 Kuis Apa Ini Apa Itu
- 13.00 Film Seri:Return To Eden
- 14.00 Emperror Li Long Ji1
- 15.00 Soledad Buah Hatiku
- 16.00 Zatoichi
- 17.00 Film Seri:White Fang
- 17.30 Film Seri:Super Boy
- 18.00 Lika-liku Laki-laki
- 18.30 Seputar Indonesia
- 19.00 Berita TVRI
- 19.30 Kuis Keluarga
- 20.00 Layar Emas:The extreminator
- 21.00 Dunia Dalam Berita
- 21.30 Lanjutan Layar Emas
- 22.30 Diagnosis For Murder
- 23.30 Buletin Malam
- 00.00 Another World

ANteve

SELASA, 24 JANUARI
- 15.00 Bon Voyage
- 15.30 It's A Wacky World
- 16.00 Film Seri: The Adventure Of Grady Greenspace
- 16.30 Film Seri: Northwood
- 17.00 Laporan Anteve Petang
- 17.30 Wheel Of Fortune
- 18.00 Musik AN
- 18.30 The Price Is Right
- 19.00 Berita TVRI
- 19.30 Hari Harry Mau
- 20.30 Family Feud
- 21.00 Dunia Dalam Berita
- 21.30 Sensasi Selasa: Paul Young-Rock Steady Special
- 22.30 Baby Boom
- 23.00 Planet Fashion
- 23.30 Musik AN
- 24.00 Laporan Anteve Tengah Malam
- 00.30 Berita Terakhir TVRI

RABU, 25 JANUARI
- 05.30 Mutiara Subuh
- 06.00 Laporan Anteve Pagi
- 06.30 Prima Raga
- 07.00 Prime Bodies
- 07.30 World News And Information Features
- 08.30 Documentary Features
- 09.30 Child's Play
- 10.00 Sale Of The Century
- 10.30 Bursa Musik
- 11.00 Extreme Close Up
- 11.30 Hollywood One On One
- 12.00 Ruth Rendell Mysteries
- 13.00 Film
- 15.00 Film Seri: Count Duckula
- 15.30 Film Seri: The Intrepids Radio Detectives
- 16.00 Film Seri: Maniac Mansiun
- 16.30 Chriss Cross
- 17.00 Laporan Anteve Petang
- 17.30 Wheel Of Fortune
- 18.00 Musik AN
- 18.30 The Price Is Right
- 19.00 Berita TVRI
- 19.30 Klab 30
- 20.00 Intermezzo
- 20.30 Family Feud
- 21.00 Dunia Dalam Berita
- 21.30 Film Seri: Star Search
- 22.30 Three Stars
- 23.00 Majalah Olah Raga
- 23.30 Musik AN
- 24.00 Laporan Anteve Tengah Malam
- 00.30 Berita Terakhir TVRI

SCTV

SELASA, 24 JANUARI
- 15.00 Gadis Pemimpi
- 16.00 Cara Sucia
- 16.30 Maria Mercedes
- 17.00 New Zimfoni
- 17.30 Equaliser
- 18.30 Seputar Indonesia
- 19.00 Berita TVRI
- 19.30 Film Kungfu: White Snake Legend
- 20.30 Sinetron Seri: Nurlela
- 21.00 Dunia Dalam Berita
- 21.30 Selasa Drama:Stolen Babies
- 23.30 Buletin Malam
- 00.00 Film Seri: Star Trek
- 01.00 Berita Terakhir TVRI

RABU,25 JANUARI
- 05.00 Di Ambang Fajar
- 05.30 Buletin Malam
- 06.00 Nuansa Pagi
- 08.00 Dokter Anda:Phobia Matematika
- 08.30 Seni Memasak Sehat
- 09.00 Ines, Sang Sekretaris
- 10.00 Tetulus Hati
- 11.00 Kassandra
- 12.00 Buletin Siang
- 12.30 Film: Tari Muda Mudi
- 14.30 Film Seri: Kristal
- 15.00 Gadis Pemimpi
- 16.00 Cara Sucia
- 16.30 Maria Mercedes
- 17.00 New Zimfoni
- 17.30 Kuis Kotak Katik
- 18.00 Liputan Enam
- 18.30 Seputar IOndonesia
- 19.00 Berita TVRI

INDOSIAR

SELASA, 24 JANUARI
- 16.00 The Flinstones
- 16.30 Winspector
- 17.00 Klip
- 17.30 Good Advise
- 18.00 Tokyo Love Story
- 19.00 Berita TVRI
- 19.30 Sinetron : Kembang Kemarau
- 20.30 Sinetron : Rumahku Istanaku
- 21.00 Dunia Dalam Berita
- 21.30 E.N.G. II
- 22.30 Hardcopy
- 23.30 Serial Birdland
- 00.30 Berita Terakhir TVRI

RABU, 25 JANUARI
- 16.00 Back to The Future
- 16.30 Sailormoon
- 17.00 Klip
- 17.30 Married With Children
- 18.00 Tokyo Love Story
- 19.00 Berita TVRI
- 19.30 Sinetron „Kembang Kemarau"
- 20.30 Sinetron „Rumahku Istanaku"
- 21.00 Dunia Dalam Berita
- 21.30 Panggung Indonesia „Kembang Kertas"
- 23.30 Documentary Race For Live Africa's Great
- 00.30 Berita Terakhir TVRI

Sewaktu-waktu acara dapat diubah oleh pengasuh televisi

Christine Hakim

Christine Hakim adalah anak kelima dari enam bersaudara (3 pria dan 3 wanita). Sejak masa kecil dia suka sekali ikut 'ice skating' dengan kawan-kawannya, dan suka pula mengenakan pakaian yang dianggap modern dan cantik, tetapi pada waktu itu tidak ada tanda-tanda dia akan menjadi aktris yang terkenal. 'Sebenarnya, pada waktu remaja saya seorang pemalu', kata Christine. Walaupun demikian, pada tahun 70an dia mulai menjadi peragawati yang cukup laku.

Christine masuk ke dunia perfilman pada tahun 1973 ketika diundang main film *Cinta Pertama*, dan sampai sekarang jumlah filmnya tak kurang dari 22. Untuk peranannya dalam enam film itu Christine dipilih sebagai aktris terbaik dan menerima Piala Citra, yaitu hadiah utama untuk para pemain film di Indonesia. Film-film itu adalah *Cinta Pertama* (1973), *Sesuatu Yang Indah* (1977), *Pengemis Dan Tukang Becak* (1979), *Di Balik Kelambu* (1983), *Kerikil-kerikil Tajam* (1985) dan *Tjut Nya Dhien* (1988).

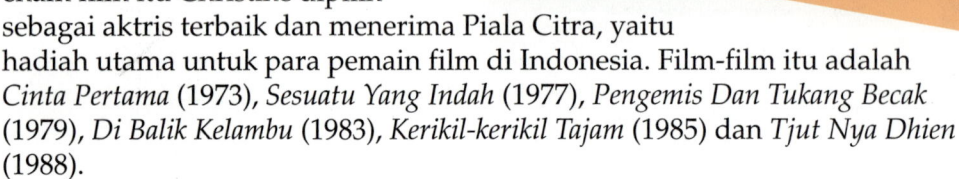

Walaupun sudah berumur tiga puluh tiga tahun Christine belum sempat kawin. Mengenai rencana perkawinannya dia berkata 'Bukannya saya tak mau kawin. Saya kira setiap orang ingin kawin, tetapi masalahnya tak semudah itu. Soal perkawinan ada di tangan Tuhan.'

Christine sangat kagum pada kedua orang tuanya yang selalu bekerja keras untuk keluarganya. Pada waktu memikirkan undangan main film pertamanya, *Cinta Pertama*, dia minta nasihat dari ibunya. 'Kalau memang ingin menjadi pemain film, jadilah pemain yang serius dan jangan setengah-setengah', kata Nyonya Hakim. Mungkin karena nasihat itulah Christine Hakim menjadi aktris legendaris Indonesia.

(Photograph courtesy *Hai* magazine)

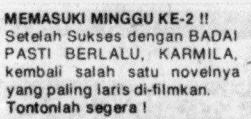

MEDIA MASSA

Asking 'Do you like...?'

To ask somebody if they like doing something you can ask:
   Sukakah/Senangkah kamu/Anda..........?
atau
   Apa kamu/Anda suka/senang ....?

   Contoh: i) Sukakah kamu menonton film koboi?
           ii) Apa Anda senang membaca majalah *Femina*?
           iii) Kamu suka menonton acara musik di televisi?

KUIS HUMOR

Inilah Kuis paling lucu dan atraktif saat ini. Dipandu group lawak 4 sekawan, pemirsa TPI akan dihibur dengan permainan - permainan menarik serta pertanyaan menjebak, yang lucu.

Ikuti terus tayangan ini.
Dijamin anda akan 'ger-geran' selama setengah jam penuh.

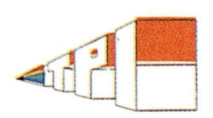

SETIAP RABU PUKUL 11.00 - 11.30 WIB.

PT. Cipta Televisi Pendidikan Indonesia
Wisma Tugu II, Lt. 6, Jl. HR. Rasuna Said Kav. C7 Kuningan Jakarta 12940
Telp. 8298396 Fax. 8298416

MEDIA MASSA

Describing television programs

To describe television programs you will need a range of appropriate adjectives. If you learn the list provided below you should be able to describe most programs. Again, you will often find that you can use these same adjectives to describe books, magazines, films, stage plays, etc.

amusing/funny	lucu
boring	membosankan
exciting	ramai *atau* penuh aksi
frightening	menakutkan
interesting	menarik
sexy	seksi
violent	penuh kekerasan/pembunuhan

Contoh:
Ibu: Nyoman, film apa yang kamu tonton di bioskop tadi malam?
Nyoman: Judul film itu *Crocodile Dundee II*, Bu. Film Australia. Bintang filmnya bernama Paul Hogan and Linda Kozlowski.
Ibu: Bagaimana film itu?
Nyoman: Menarik sekali, Bu. Sama sekali tidak membosankan. Film itu penuh aksi dan lucu sekali.
Ibu: Apa film itu juga seksi?
Nyoman: Tidak, Bu. Film itu cocok untuk para remaja.

Nouns formed with the pe — an combination

The **pe — an** affix combination is used to form nouns from the root words of transitive verbs. Many verb, noun or adjective root words can be made into nouns by the addition of the **pe — an** combination. The **pe-** prefix takes on the same consonantal changes as does the **me-** prefix; i.e. it could be **pe — an**, **pem — an**, **pen — an**, **peng — an**, or **peny — an**, depending upon the initial letter of the root word (see *Stage Two*, p. 89).

Quite often the word which is formed by the addition of this affix combination will be the noun denoting the *process* of the verb, i.e. the *doing of* the action implied by the verb.

Baru!

aksi action
api fire
artikel an article
berikut next/following
dilaporkan to be reported
disiarkan to be broadcast
fungsi a function
gemari (*see* **menggemari**)
judul title
kasus a (police) case
kekerasan violence
laku popular in demand
lucu funny/amusing
membosankan boring
menakutkan frightening
mengantarkan to accompany
mengarang to write (a book or story)
menggemari to be fond of something
pembaca reader
pembunuhan murder
pengarang writer/author
sampul cover/wrapper
seksi sexy (also section)
sekurang-kurangnya at least
setidak-tidaknya at least
wajah a face

Baru!

bertanggungjawab to be responsible
diselesaikan to be finished/completed
distribusi distribution
keputusan decision
memandang to look
membahas to discuss
mengumumkan to announce
menjelaskan to explain
menyewa to rent/hire something *from* somebody
menyambut to greet
menyiarkan to broadcast
panitia committee
pelebaran the extending/widening of something
pemasaran the marketing of something
pembangunan development
pemberian gift (also the giving of something)
pembersihan the cleaning of something
pencetakan the printing of something
penerangan information/enlightenment
pengalaman an experience

TOPIC FIVE

Contoh:

baca	membaca (to read)	**pembacaan** (the reading of)
sewa	menyewa (to rent)	**penyewaan** (the renting of)
bersih	membersihkan (to clean)	**pembersihan** (the cleaning of)

With some other root words the word which is formed by the addition of the **pe — an** combination is the noun denoting *the thing which results from the action of the verb.*

Contoh:

pandang	memandang (to look)	**pemandangan** (view/scenery)
alam	mengalami (to experience)	**pengalaman** (an experience)
jelas	menjelaskan (to explain)	**penjelasan** (an explanation)

In summary, then, when the **pe — an** affix combination is attached to a verb, noun or adjective root word which is used to form a transitive verb, the resulting word denotes the doing of the action indicated in the transitive verb, or the thing that results from the action of the verb. Study the following sentences and observe how the **pe — an** combination is used to create nouns with one of those two meanings.

Pe- + verb + -an

i) Penyiaran proklamasi kemerdekaan Indonesia ke seluruh dunia dilakukan pada tanggal 17 Agustus 1945 dengan menggunakan sebuah pemancar radio milik tentara Jepang.

ii) Setiap malam TVRI menyiarkan *Laporan Pembangunan*, sebuah acara mengenai pembangunan di salah satu propinsi Republik Indonesia.

iii) Tadi malam, waktu menonton warta berita TVRI, kami menonton Presiden RI menyambut Perdana Menteri Australia. Penyambutan itu dilakukan di pelabuhan udara Sukarno-Hatta.

iv) Pencetakan surat kabar *Kompas* dilakukan pada waktu malam di gedung Kompas yang terletak di Jalan Palmerah Selatan.

v) Majalah itu seringkali memuat foto-foto pemandangan alam yang indah pada sampul depannya.

MEDIA MASSA

Pe- + noun + -an

i) Bapak Lukman bertanggungjawab atas pemasaran majalah itu.
ii) Hampir setiap majalah mempekerjakan beberapa orang penggambar yang bertanggungjawab atas penggambaran cerita yang dimuat dalam majalah tersebut.
iii) Panitia itu sedang membahas baik-tidaknya pengiklanan majalahnya dalam surat kabar.

Baru!

penggambar illustrator
penggambaran the illustrating of something
pengiklanan the advertising of something
pengumuman announcement/the announcing of something
penjelasan an explanation
penyambutan the greeting of somebody
penyewaan the hiring/renting of something

Baru!

penyiaran the broadcasting of something
Perdana Menteri Prime Minister
redaksi editorial staff
wakil deputy
Presiden President
warta berita news broadcast
wartawan journalist

TOPIC FIVE

Pe- + adjective + -an

i) Pembersihan studio televisi itu harus diselesaikan sebelum siaran mulai pukul delapan pagi setiap hari.
ii) Salah satu tugas Department Penerangan adalah mengumumkan keputusan yang penting dari pemerintah. Pengumuman tersebut biasanya dimuat dalam surat kabar serta disiarkan lewat radio dan televisi.

Asking what kind of film it is

To ask 'What kind of film is it?', ask:
    Film jenis apa itu?

Saying what kind of film it is

If you study the following list you should be able to say what type of film it is.

adventure film	**film petualangan**
cartoon film	**film kartun**
comedy film	**film komedi**
detective film	**film detektif**
documentary film	**film dokumentasi**
drama film	**film drama**
fantasy film	**film fantasi**
historical film	**film sejarah**
horror film	**film mengerikan** *atau* **film horor**
love/romance film	**film romantis** *atau* **film cinta**
murder film	**film pembunuhan**
political film	**film politik**
spy film	**film spionase**
war film	**film perang**
western film	**film koboi**

Komitmen Kami
untuk Wanita Indonesia Sejati

Mengemban kata
Tata rias para Bintang
tidaklah semudah
mengucapkannya.

Produk-produk Cempaka Kosmetika Indonesia dalam kiprahnya telah menunjang Tata Rias dari sedikitnya :
- 36. buah produksi Film Nasional
- 78 serial lepas sinetron TVRI Pusat/Daerah
- 10 serial sinetron RCTI/SCTV.

Dan masih banyak lagi acara yang akan digelar dengan menggunakan CEMPAKA Kosmetika Indonesia, sebagai Tata rias para Bintang.
Komitmen kami tetap, menjadikan Cempaka Kosmetika Indonesia sebagai produk kepercayaan Produser Film & Sinetron Nasional, sekaligus menjadikannya produk kecantikan wanita-wanita Indonesia sejati yang menghargai produk dalam negeri, termasuk Anda...............

CEMPAKA
KOSMETIKA INDONESIA
Tata rias para Bintang

TOPIC FIVE

Asking 'What kind of films do you like?'

Ask:
>Film jenis apa yang kamu sukai?
>*atau*
>Film jenis apa yang kamu gemari?

Contoh:
>Sri: Film jenis apa yang kamu sukai, Agung?
>Agung: Saya suka menonton film petualangan. Dan Sri? Apa kamu suka menonton film petualangan juga?
>Sri: Memang suka. Walaupun demikian saya lebih gemar menonton film romantis.

Study the following conversation carefully. It contains several of the language functions that we have learned recently.

>*Dewi:* Daud, apa yang kamu lakukan tadi malam?
>*Daud:* Saya tinggal di rumah saja. Kami sekeluarga menonton televisi.
>*Dewi:* Acara televisi apa yang paling kamu gemari?
>*Daud:* Yang paling saya gemari adalah film seri *Battlestar Galactica*.
>*Dewi:* Tentang apa film seri itu?
>*Daud:* Tentang sebuah kapal angkasa raksasa serta awak kapal itu yang berperang melawan makhluk-makhluk dari planet-planet yang lain. Seri itu adalah cerita petualangan yang sangat ramai.
>*Dewi:* Apa seri itu hanya disiarkan sekali seminggu?
>*Daud:* Oh, tidak. Sekurang-kurangnya tiga kali seminggu. Dan apa yang kamu lakukan tadi malam, Dewi?
>*Dewi:* Saya ikut ke bioskop dengan pacarku. Kami menonton film yang berjudul *Bukan Impian Semusim*.
>*Daud:* Film jenis apa itu?
>*Dewi:* Itu film romantis. Kami paling suka menonton film romantis.
>*Daud:* Apa film itu menarik?
>*Dewi:* Ya, menarik sekali. Kami sangat puas menontonnya Ceritanya baik dan para peran pandai sekali.

MEDIA MASSA

Quoting somebody

Direct speech

We use direct speech when we want to quote another person, using the exact words which that person has used. In *Stage Two* we learned that an easy way of quoting somebody in direct speech is to repeat the exact words used and to add the word **katanya**. Remember, if you want to name the person you can use **kata** followed by the person's name.

Contoh: i) 'Sejak masih kecil saya suka membaca majalah', katanya.
ii) 'Saya tertarik akan film sejarah', kata Pak Amir.

Another way of quoting direct speech is to start your sentence by mentioning the person speaking and to follow it with the verb **berkata**.

Contoh: i) **Dia berkata 'Jangan lupa membeli koran untuk saya'.**
ii) **Wayan berkata 'Saya suka membaca surat dari pembaca'.**

The verb **mengucapkan** is also used to quote direct speech, but is usually only used for greetings and some common expressions.

Contoh: i) **Kami mengucapkan 'Terima kasih'.**
ii) **Dia mengucapkan 'Selamat hari ulang tahun'.**
iii) **Pada hari Lebaran orang mengucapkan 'Selamat Hari Raya. Maaf Lahir Batin'.**
iv) **Mereka mengucapkan 'Sampai jumpa'.**

Indirect speech

We use indirect speech when we want to convey what somebody has said without having to use their exact words. The easiest way to do this Indonesian is to use the verb **berkata** followed by the conjunction **bahwa**.

Contoh: i) **Menteri Luar Negeri kemarin berkata bahwa beliau akan berkunjung ke Australia bulan depan.**
ii) **Aktris itu berkata bahwa pada waktu masih kecil dia sangat pemalu.**
iii) **Penyiar radio itu berkata bahwa nanti sore dia akan menyiarkan wawancara dengan Presiden RI.**

TOPIC FIVE

Saying 'I'm sick of hearing that!'

To say that you are sick and tired of hearing something you can say:

Saya muak mendengar berita itu!

Contoh:
Ibu Harjono: Tadi pagi saya membaca di surat kabar bahwa harga beras meningkat lagi.
Ibu Sujiman: Mana tahan! Saya muak mendengar berita itu!

Describing the contents of magazines

In the introductory reading to this topic we saw that a common way of describing the contents of mazazines is to use the verb **memuat**.

Contoh: **Majalah *Ayahbunda* memuat nasihat dan berita yang penting bagi kaum wanita yang mempunyai anak bayi.**

Another verb that you can use for this purpose is **berisi**.

Contoh: **Majalah *Gadis* berisi cerita roman, berita busana dan cerita mengenai bintang film dan penyanyi pop.**

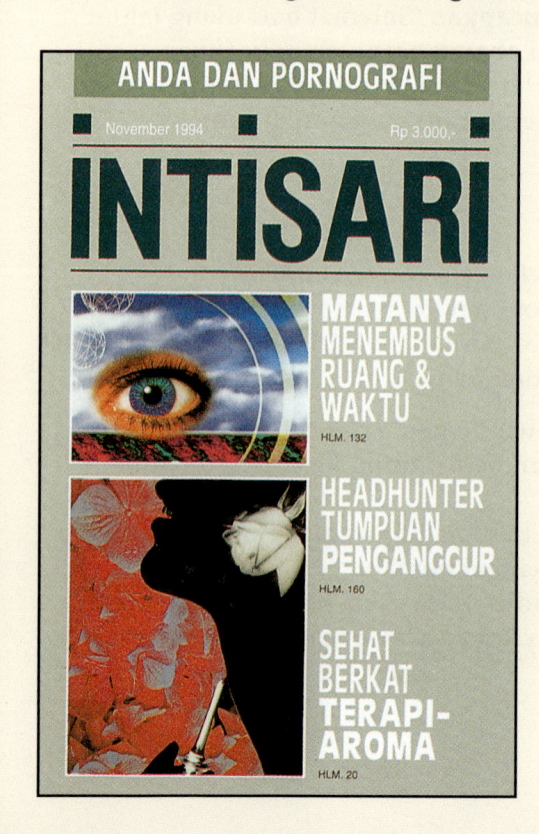

Awas!

Don't confuse **muak** with **mual**. Remember **mual** means that you actually feel as if you are about to vomit. **Muak** is used more figuratively, indicating that you are *sick and tired* of something.

Majalah *Intisari* adalah sebuah majalah bulanan yang memuat cerita-cerita pendek.

MEDIA MASSA

WAWASAN DIBANGUN DENGAN MEMBACA

Banyak cara yang bisa dipilih untuk menambah wawasan dan pengetahuan.
Salah satunya adalah lewat proses membaca. Kami sadar bahwa, bacaan yang dibutuhkan untuk itu tidak hanya harus komplit dalam isi tetapi juga harus bisa dinikmati.

Majalah **Intisari**, hadir menyajikan inti dan sari pengetahuan umum, teknologi, cerita kriminal, kesehatan dan juga sisi lain kehidupan tokoh serta fenomena sosial.

Majalah **Intisari** menyajikan setiap informasi secara lengkap dalam gaya penyajian ilmiah populer. Dikemas dalam bentuk buku saku dan hadir setiap awal bulan.

Jika Anda termasuk orang yang sadar akan wawasan, Anda layak baca Intisari.

INTISARI

Untuk berlangganan : hubungi agen majalah/ surat kabar terdekat atau hubungi langsung ke Distribusi Majalah PT Gramedia, Jl. Kebahagiaan no 4-12 Jakarta 11140. Telp. 6297809.

TOPIC FIVE

What have we learned in this topic?

In this topic, **Media Massa**, we have learned a large list of new words, a lot of useful language functions, and a very important point of grammar.

All of these are listed below for your revision purposes. If you revise all of this material carefully you should have no difficulty with the speaking, listening, reading and writing tests which your teacher will be giving you shortly.

Vocabulary

aktris actress
angkasa outer space
awak crew
berkata say/said
bersaudara siblings (brothers & sisters)
detektif detective
ditampilkan to be put forward
dokumentasi documentary
drama drama
fantasi fantasy
gemar to be fond of
kagum to admire/to be amazed
kapal angkasa spacecraft
kartun kartoon
kebutuhan needs/necessities
komedi comedy
legendaris legendary
makhluk creature
masalah problem/question
memikirkan to think about
meningkat to increase
mengerikan horrific/horrifying
muak sick and tired of
ngeri horror
peran actor/character
peranan role/part
perfilman filming/associated with films
perkawinan marriage
petualangan adventure
planet planet
sempat to have the opportunity
seri series/serial
setengah-setengah half hearted
spionase espionage
utama main

Functions

1. Saying 'It's inevitable'
2. Saying 'At least'
3. Asking what programs are on television
4. Reading the television program
5. Asking about somebody's favourite program
6. Asking what a particular program is about
7. Describing television programs
8. Asking what kind of film it is
9. Saying what kind of film it is
10. Reading the cinema advertisements
11. Asking 'Do you like...?'
12. Quoting somebody
13. Saying 'I'm sick of hearing that!'
14. Describing the contents of magazines

Grammar

Nouns formed with the **pe—an** combination

TOPIC SIX

Upacara dan Perayaan

Yang berkunjung ke Indonesia dari luar negeri seringkali melihat bermacam-macam upacara yang diadakan oleh penduduk setempat. Oleh karena penduduk Indonesia terdiri dari berpuluh-puluh suku bangsa, upacara mereka berlainan antara satu tempat ke tempat lain. Perbedaan itu disebabkan oleh adat-istiadat yang berbeda dari satu suku bangsa dengan suku bangsa yang lain, serta pengaruh dari agamanya yang berlainan juga. Misalnya, upacara orang Batak yang tinggal di Sumatra Utara lain daripada upacara orang Jawa, khususnya karena kebanyakan orang Jawa beragama Islam, sedangkan sebagian besar orang Batak beragama Kristen. Upacara orang Bali berlainan pula karena kebanyakan penduduk Pulau Bali beragama Hindu-Bali.

Untuk orang asing yang berkunjung ke Pulau Bali, mungkin upacara yang paling menarik adalah upacara pembakaran mayat. Untuk orang Bali, upacara pembakaran mayat merupakan upacara yang paling penting. Di tempat-tempat lain di Indonesia, mayat orang yang telah meninggal biasanya dikubur, tetapi menurut orang Bali, orang yang telah meninggal akan hidup lagi di dunia lain, asalkan mayatnya dibakar. Menurut mereka, kalau mayat dikubur, arwahnya pun dikubur. Oleh karena itu, untuk orang Bali, upacara pembakaran mayat adalah waktu yang bahagia dan lebih merupakan keramaian. Mayat diletakkan di dalam sebuah menara. Makin kaya orang yang meninggal makin tinggi menara itu. Menara itu kemudian dibawa ke tempat yang sudah disiapkan untuk upacara pembakaran, biasanya di dekat pantai. Beribu-ribu orang yang ingin melihat upacara itu ikut dalam perjalanan ke tempat pembakaran,

TOPIC SIX

diiringi pula oleh seperangkat gamelan. Di tempat pembakaran itu mayat diletakkan di dalam sebuah bangunan yang berbentuk binatang, biasanya seekor lembu, kemudian semuanya dibakar; menara, serta bangunan berbentuk binatang yang berisi mayat.

Upacara pembakaran mayat adalah upacara yang paling penting bagi orang Bali.

Di Pulau Bali kita sering melihat wanita-wanita yang sedang menjunjung sajian ke pura atau menjunjung sajian itu pulang dari pura. Di setiap daerah di Pulau Bali terdapat tiga buah pura: Pura Desa, Pura Puseh, dan Pura Dalem namanya. Dua kali setahun di setiap pura diadakan upacara

UPACARA DAN PERAYAAN

yang penting, jadi di setiap daerah diadakan enam upacara penting setahun. Untuk upacara tersebut wanita-wanita dari daerah itu menjunjung sajian yang terdiri dari bermacam-macam makanan ke pura itu. Biasanya sajian tersebut hanya ditinggalkan di pura selama tiga hari sebagai sajian untuk dewa-dewa, kemudian dibawa pulang. Sajian yang dibawa pulang boleh dimakan oleh keluarga, tetapi tidak boleh dibawa lagi ke pura sebagai sajian.

Di Pulau Jawa, mungkin perayaan yang paling penting adalah perayaan Lebaran yang diadakan oleh kaum Muslimin pada tanggal 1 Syawal menurut penanggalan Islam, untuk merayakan akhir bulan puasa, yaitu bulan Ramadan menurut penanggalan Islam. Selama bulan Ramadan, dari waktu sebelum matahari terbit sampai matahari terbenam, kaum Muslimin berpuasa, yaitu mereka tidak makan, minum, atau merokok. Untuk merayakan akhir puasa, kaum Muslimin mengadakan perayaan Lebaran. Pagi-pagi benar pada hari Lebaran, kaum Muslimin berkumpul di lapangan atau di alun-alun untuk bersembahyang. Sesudah bersembahyang mereka pulang. Lebaran adalah waktu yang

Di pulau Bali kita sering melihat wanita menjunjung sajian ke pura. Sajian itu terdiri dari bunga, nasi, buah-buahan, daging babi, dan makanan lain.

bahagia untuk orang yang beragama Islam. Kaum ibu menyediakan makanan yang istimewa dan kebanyakan orang mengenakan pakaian yang baru dan bagus. Yang muda pergi mengunjungi yang tua untuk minta maaf dan berkat. Kunjung-mengunjungi ini kadang-kadang berlangsung seminggu. Ucapan yang sering dapat kita dengar pada waktu Lebaran adalah 'Selamat Hari Raya. Maaf Lahir Batin'.

Pak Sudarmo sedang berjalan pulang sesudah bersembahyang di alun-alun pada hari Lebaran, tanggal 1 Syawal. Nanti sore Pak Darmo akan mengunjungi orang tuanya untuk minta maaf dan berkat.

Masih banyak lagi upacara dan perayaan yang dapat kita lihat di kepulauan Indonesia. Orang Indonesia biasanya senang sekali kalau ada banyak tamu yang hadir pada upacara mereka. Makin banyak tamu makin bahagia, demikianlah anggapan mereka. Oleh karena itu, kalau Anda berkunjung ke Indonesia, mungkin sekali Anda akan diundang hadir pada upacara atau perayaan. Pelajarilah halaman-halaman yang berikut ini supaya Anda akan tahu apa yang seharusnya Anda lakukan, atau apa yang seharusnya Anda katakan pada waktu upacara-upacara itu.

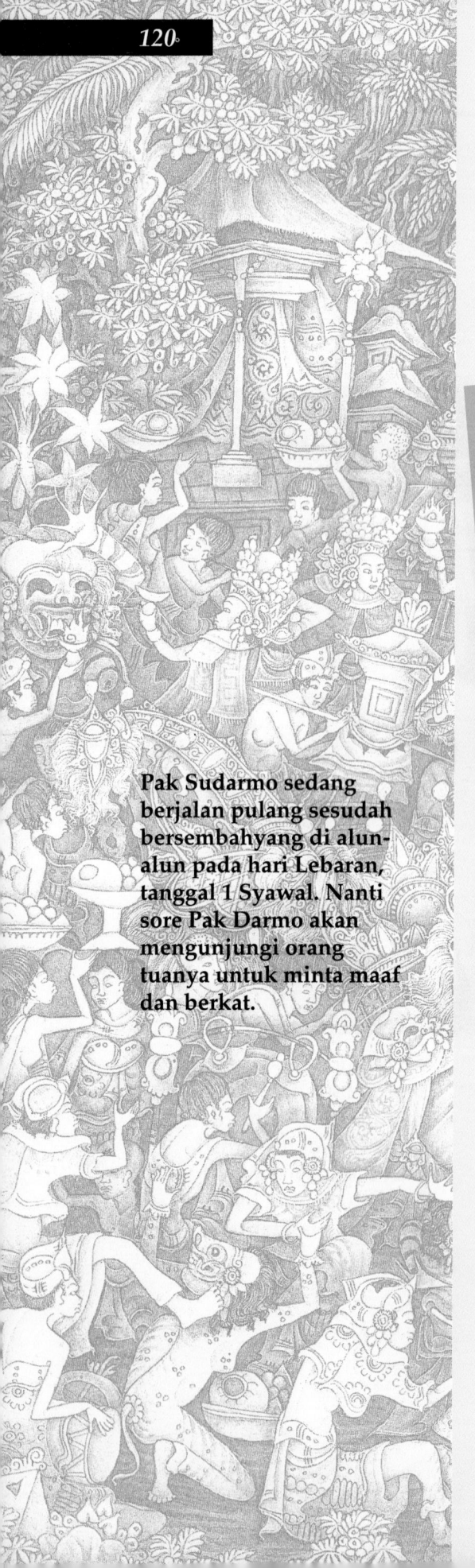

UPACARA DAN PERAYAAN

What to say: Special occasions

At times when there are celebrations going on we need to be able to extend well wishes etc. If you study the following list you should be able to cope in most situations.

Birthdays
To wish somebody a happy birthday you should say:
Selamat hari ulang tahun. Semoga panjang umur.

Engagements
When you hear that somebody has become engaged to be married you can say:
Selamat atas pertunangan Anda berdua.

Weddings
At weddings we usually say to the bride and groom:
Selamat berbahagia.
atau
Selamat atas pernikahan Anda berdua.

Congratulations
Perhaps you need to congratulate people, for example on passing their exams, on getting a new job, on the birth of a new child, etc. Normally, to congratulate somebody we use the word **selamat**. We can also add on the reason for our congratulations.

Contoh: i) **Selamat atas kelahiran putra/putri Anda.**
ii) **Selamat atas hasil ujian Anda yang baik.**

Funerals
To express our condolences to somebody who has just lost a loved one, we say:
Kami ikut berduka cita.

You can also add:
Semoga arwahnya diterima di sisi Tuhan yang Maha Esa.

Baru!

adat-istiadat customs/traditions
akhir the end
anggapan opinion/belief
arwah soul/spirit
berkat blessing
berkumpul to gather
berlangsung to go on for...
berpuasa to fast
dibakar to be burned
dikubur to be buried
disebabkan to be caused by
dunia world
hidup to live
kunjung-mengunjungi visiting each other
lembu a bull
mayat corpse/dead body
menara tower
menjunjung to carry balanced on the head
merayakan to celebrate
pelajarilah study carefully
pembakaran the burning of something
penanggalan calendar
pengaruh influence
perayaan celebration
puasa a fast
sajian offering
sebagian besar a large proportion of/the majority
suku bangsa ethnic group
ucapan greeting/expression
upacara ceremony

TOPIC SIX

Asking 'What should I say?'

Perhaps there will be other occasions when you are not sure what you should say. You can always ask somebody. You will find that Indonesians are always happy to help in this way. To ask somebody what you should say you can ask:

    i) **Apa yang seharusnya saya katakan?**
       atau
   ii) **Apa yang seharusnya saya ucapkan?**
      atau
  iii) **Apa yang seharusnya saya katakan kepada mereka?**
      atau
  iv) **Apa yang seharusnya saya ucapkan kepada mereka?**

Explaining what to say

If you ask somebody what you should say, it is likely that they will answer with something like this:

Ucapan yang kami gunakan pada kesempatan ini adalah 'kami ikut berduka cita'.
atau
Pada kesempatan ini kami mengucapkan 'Kami ikut berduka cita'.
atau
Katakanlah saja 'Kami ikut berduka cita'.

Hari ini, Agus menikah dengan Sri. Kepada mereka kita mengucapkan 'Selamat berbahagia', atau 'Selamat atas pernikahan Anda berdua'.

SONY

"Lebaran pakai Sony Handycam paling Oke...!

Semua kumpul... kakek, nenek, ayah, ibu, oom, tante.

Itu si Iwan nabuh bedug di malam takbiran...

Hi... Hi... Dani, ikat sarungnya yang kencang dong...

Ssssttt... haiyyooo Nita nanti ketahuan nenek lho...

Nah, ini aku, kameramen Handycam... Dipakainya gampang, langsung dapat ditonton...

Coba deh... Lebaran pakai Handycam, pasti asyik...!"

CCD-TR303E
Kompak dan Trendi
• 10x Zoom • Program AE
• Built in Lens Cover • 2 Lux

CCD-TR1E
• Color Viewfinder
• Hi-8 • Turbo Zoom
• Ultra Auto Focus
• AFM Hi-Fi Stereo

CCD-TR8E
• Hi-8
• Turbo Zoom
• Ultra Auto Focus
• AFM Hi-Fi Stereo

Handycam®

Menghidupkan Kenangan Lebaran

Amcol — PT. AMCOL GRAHA ELECTRONIC INDUSTRIES

Mintalah Kartu Garansi!
Pastikan produk yang Anda beli digaransi oleh PT AMCOL GRAHA ELECTRONIC INDUSTRIES. Maka, Anda dapat menikmati Jaminan Purna Jual di semua Service Centre resmi SONY

TOPIC SIX

Pada Hari Lebaran

Lebaran, yang jatuh pada tanggal 1 Syawal menurut penanggalan Islam, adalah perayaan yang paling penting bagi kaum Muslimin. Menurut penanggalan Islam, bulan sebelum bulan Syawal adalah bulan Ramadan. Selama bulan Ramadan, dari waktu sebelum matahari terbit sampai matahari terbenam, kaum Muslimin berpuasa, yaitu mereka tidak makan, tidak minum, dan tidak merokok. Sesudah matahari terbenam mereka buka puasa. Maksud puasa ini adalah supaya kaum Muslimin bisa merasakan kehidupan orang yang lebih miskin dan yang bernasib malang.

Pada tanggal 1 bulan Syawal mereka merayakan akhir puasa dengan mengadakan perayaan Lebaran. Selama beberapa hari sebelum Lebaran, orang sibuk menyiapkan makanan yang enak dan istimewa untuk perayaan yang penting itu. Keluarga yang mampu, membeli pakaian yang baru untuk setiap anggota keluarga, baik yang muda maupun yang tua. Biasanya, menjelang Lebaran harga pakaian dan bahan makanan naik. Banyak sekali orang yang mengadakan perjalanan pulang ke kampung halamannya sehingga tempat duduk di dalam bus, kereta api, dan pesawat terbang sudah dipesan semuanya. Hotel-hotel pun sudah penuh sesak, sehingga hampir tidak ada kamar kosong.

Pagi-pagi benar pada hari Lebaran kebanyakan orang ikut bersembahyang di lapangan atau di alun-alun. Sesudah bersembahyang mereka pulang ke rumahnya. Kantor-kantor, toto-toko, dan sekolah-sekolah tertutup semuanya karena hari itu adalah hari libur. Pasar pun tertutup pada hari itu. Mulai pada hari itu juga, banyak orang mengunjungi teman-teman atau saudara-saudaranya untuk minta maaf dan berkat.

Orang jarang memberikan hadiah pada waktu Lebaran, tetapi orang yang mengunjungi teman atau saudaranya sering membawa makanan kecil, misalnya kue-kue, buah-buahan, dan lain-lain. Biasanya yang muda pergi mengunjungi yang tua untuk sungkem kepada mereka dan minta maaf. Pada waktu Lebaran ucapan yang seringkali kita dengar adalah 'Selamat Hari Raya. Maaf Lahir Batin'. Kunjung-mengunjungi ini kadang-kadang berlangsung seminggu. Pada waktu itu juga, banyak orang mengunjungi kuburan nenek-moyangnya dan menabur bunga di sana.

UPACARA DAN PERAYAAN

Presiden Suharto sedang sungkem kepada ibu mertuanya.
(Photograph courtesy *Kompas*)

Nouns formed with the per — an combination

The **per — an** affix combination is used mainly to create nouns from the root words of some intransitive verbs, though a few are derived from root words of transitive verbs, from adjectives, or from other nouns. In this respect it is quite similar to the **pe — an** combination which we saw in the previous topic (see page 107). It is not possible to give any hard and fast rules as to which words utilise the **pe — an** combination and which utilise the **per — an** combination. One general rule (although there are numerous exceptions) is that root words which are more commonly used with the **me-** prefix tend to take the **pe — an** combination, whilst those which are more commonly used with the **ber-** prefix tend to take the **per — an** combination. Observe the following applications of the **per — an** combination.

Baru!

anggota member
berduka cita to grieve/mourn
bernasib to have a fate
kampung halaman native village/birthplace
katakanlah say this...
kesempatan time/opportunity
kuburan cemetery/grave
Maha Esa Almighty
malang unfortunate
menabur to sow/strew
menikah to marry
merasakan to feel something
mertua parents in-law
nenek-moyang ancestors
pernikahan marriage
pertunangan engagement (for marriage)
putra son
putri daughter
sisi side/edge
sungkem to show respect by bowing on hands and knees

1. The **per — an** combination is added to the root words of some intransitive verbs to denote the thing which results from doing the action implied by the verb.

   Contoh:

berjalan	= to walk	**perjalanan**	= a journey/trip
menikah	= to marry	**pernikahan**	= marriage
bertanya	= to question	**pertanyaan**	= a question
berkumpul	= to gather	**perkumpulan**	= a club/association
bekerja	= to work	**pekerjaan**	= job/work
berbeda	= to be different	**perbedaan**	= the difference
bercakap-cakap	= to chat	**percakapan**	= conversation
berusaha	= to make an effort	**perusahaan**	= a company

2. The **per — an** combination is attached to a relatively small number of nouns to denote a further derivative of the original noun.

   Contoh:

sahabat	= friend	**persahabatan**	= friendship
muka	= face	**permukaan**	= surface

3. With certain nouns the **per — an** combination serves to denote *everything or all matters* which have connection to that which is indicated in the root word.

   Contoh:

surat kabar	= newspaper	**persuratkabaran**	= all matters pertaining to the newspaper industry
hotel	= hotel	**perhotelan**	= all matters pertaining to the hotel industry
ekonomi	= economy	**perekonomian**	= all matters pertaining to the economy
industri	= industry	**perindustrian**	= all matters pertaining to industry in general
film	= film	**perfilman**	= all matters pertaining to the film industry

10 PERTANYAAN PENTING TENTANG SUSU NON-FAT

T : Apakah susu non-fat itu?

J : Susu non-fat adalah susu yang dibuat dari susu segar yang hampir seluruh kadar lemaknya dihilangkan, namun tetap memberi segala manfaat susu bagi tubuh kita.

T : Manfaat apa yang dapat saya peroleh dari susu non-fat?

J : Susu non-fat dapat memenuhi sebagian besar kebutuhan tubuh, akan protein, kalsium, mineral dan vitamin tanpa memberikan lemak ekstra ataupun kalori yang berlebihan.

T : Apakah susu non-fat hanya bermanfaat bagi orang yang melakukan diet?

J : Tidak. Susu non-fat juga dibutuhkan pada usia dewasa, untuk pria dan wanita yang memiliki berat badan normal dan ingin selalu sehat.

T : Mengapa susu non-fat penting untuk menjaga kesehatan pada usia dewasa?

J : Sebab dengan bertambahnya usia, kita perlu menjaga pemasukan lemak dan kolesterol ke dalam tubuh.

T : Tidakkah lemak dibutuhkan lagi pada usia dewasa?

J : Lemak tetap dibutuhkan pada usia dewasa sebagai sumber energi. Tetapi selepas masa pertumbuhan kebutuhan akan lemak menurun sehingga cukup didapat dari lauk-pauk sehari-hari.

T : Adakah kelebihan lain dari susu non-fat?

J : Ya. Susu non-fat mengandung protein dan kalsium lebih banyak dibanding susu biasa.

T : Apakah protein masih dibutuhkan pada usia dewasa?

J : Tentu! Tanpa memandang usia, protein tetap dibutuhkan untuk memperbaiki sel-sel tubuh yang rusak akibat aktivitas sehari-hari.

T : Apakah manfaat kalsium pada usia dewasa?

J : Kalsium memiliki peranan penting dalam sistem otot dan tulang. Kalsium yang cukup juga dapat membantu mencegah terjadinya osteoporosis.

T : Apakah osteoporosis itu?

J : Osteoporosis adalah kerapuhan pada tulang yang sering terjadi pada usia lanjut, yang disebabkan oleh kekurangan kalsium dalam jangka panjang. Hal ini dapat dicegah dengan minum susu non-fat yang mengandung kalsium lebih tinggi dari susu biasa.

T : Bagaimana penggunaan yang tepat dari susu non-fat?

J : Minumlah segelas susu non-fat setiap hari agar tubuh Anda sehat, bugar dan aktif tanpa kuatir menjadi gemuk.

Carnation
NON-FAT MILK POWDER
SEHAT, BUGAR, AKTIF

Nestlé

TOPIC SIX

Persiapan untuk upacara pembakaran mayat di Pulau Bali kadang-kadang makan waktu beberapa bulan. Pada hari upacara itu, mayat orang yang telah meninggal dibawa ke tempat yang sudah disiapkan untuk upacara tersebut. Banyak orang ikut dalam perjalanan ke tempat upacara itu dan banyak lagi yang menonton dari tepi jalan. Perjalanan itu adalah waktu yang bahagia dan lebih merupakan perayaan atau keramaian karena, menurut orang Bali, orang yang telah meninggal itu akan hidup lagi di dunia yang lain.
(Photograph courtesy *Kompas*)

Undangan perkawinan

بِسْمِ اللهِ الرَّحْمٰنِ الرَّحِيْمِ

Assalamu'alaikum Wr. Wb.

Dengan rahmat Allah SWT. kami bermaksud menyelenggarakan resepsi pernikahan putra-putri kami:

Ir. Ati Suharmayanti
(Enung)

dengan

Drs. Achmad Hidayat

pada hari Minggu
tanggal 19 Maret 1989
pukul 11.00–14.00 wib.
tempat di Wisma Kurnia
Jl. Buah Batu No 122—Bandung

Besar harapan kami akan kehadiran Bapak/Ibu/Saudara untuk memberikan do'a restu kepada anak kami.

Atas perhatian Bapak/Ibu/Saudara
kami mengucapkan terima kasih.

Wassalam,

Kel. Moh. K. Soekirman,
Kel. Ruhanda
Kedua Mempelai

Akad nikah;
Jln. Gambuh No. 5, Minggu 19 Maret 1989, jam 09.00 wib

What should I wear?

You have been invited to a wedding. What will you wear? Perhaps you might need to ask somebody what you should wear. You can ask:

Apa yang seharusnya saya kenakan?
atau
Pakaian apa yang cocok untuk upacara ini?

Cultural Note

Dressing correctly

Most Indonesians will wear their tradition ethnic dress for a wedding reception, but foreigners may be uncertain as to what they should wear. The important thing is to remember that a wedding reception is the most important single event in the life of an Indonesian family. Do take the trouble to dress appropriately. Sometimes the invitation will specify that dress should be lounge suits. If that is the case then men must wear a lounge suit whilst women would be expected to wear a full length dress with long sleeves or with a jacket. If dress is not specified then, unless it is a high society wedding, men can get away with long trousers and a long sleeved batik shirt, whilst women should wear a nice day dress, again with long sleeves or with a jacket.

What gift should I give?

Perhaps you will not be sure what you should give as a gift. If it is for a wedding, then perhaps a nice length of sarong material would be appropriate, but you can always ask somebody else for suggestions. Ask:

Maaf, Bu. Ibu dapat menyarankan kado yang cocok saya berikan pada kesempatan ini?

Giving gifts

When you are giving gifts you will need some expression of good wishes. What you say will depend upon the purpose of the gift. Following are a few common examples.

Giving a birthday gift
Untuk hari ulang tahun, kita mengucapkan:
'Selamat hari ulang tahun. Harap terima kado kecil ini'.

UPACARA DAN PERAYAAN

Giving a thank you gift

Untuk tanda terima kasih, kita mengucapkan:
'*Terima kasih banyak. Harap terima pemberian kecil ini sebagai tanda terima kasih*'.

Giving a wedding gift

Kado untuk perkawinan biasanya tidak diberikan langsung kepada kedua mempelai, maka ucapan selamat perlu ditulis pada kartu kado yang kemudian ditempelkan pada kado itu. Pada kartu kado itu Anda seharusnya menulis:

*Kepada ... dan ...
Selamat berbahagia atas pernikahan Anda berdua.
Dari ...*

Selesainya upacara pernikahan mereka, dan sesudah semua tamu pulang, Tuti dan Dido juga pulang dengan keluarganya. Di sana semua kado dibukanya dengan bantuan sanak-saudaranya.

Baru!

ditempelkan to be attached/stuck on
harum fragrant
kado gift
kartu card
kedua both
mempelai bride/bridegroom
menyarankan suggest/propose
minyak wangi perfume
Perancis France/French
percakapan conversation
perekonomian all matters pertaining to the economy
perhotelan all matters pertaining to the hotel industry
perindustrian all matters pertaining to industry
perkumpulan club/association
permukaan surface
persahabatan friendship
persuratkabaran all matters pertaining to the newspaper industry
sahabat friend
seselesainya on completion

TOPIC SIX

Receiving gifts

People receiving gifts are likely to respond by saying:
   Terima kasih.
   atau
   Terima kasih atas hadiah Anda.
   atau
   Terima kasih atas kebaikan hati Anda.

Cultural Note

Gifts, no matter what the occasion, are usually not opened in front of the giver. Normally gifts are taken home and opened in private. This practice is likely to be relaxed a little if the person receiving the gift feels that he or she knows the giver very vell. On such occasions the person receiving the gift might well ask '**Boleh dibuka sekarang?**' to which the giver will almost certainly reply '**Tentu saja**, **boleh**', or **Silakan**'. Whether the gift is opened in front of you or not, be aware that it will be greatly appreciated and certainly not forgotten. Indeed, many Indonesian families will keep lists of gifts and favours that have been received so that, at an appropriate time, such kindness can be repaid.

What will happen?

Di resepsi pernikahan

Upacara pernikahan merupakan peristiwa yang sangat penting bagi keluarga-keluarga di Indonesia. Seringkali peristiwa yang penting itu sudah lama ditunggu oleh mereka. Pertunangan yang lama adalah hal yang biasa di Indonesia karena banyak pemuda-pemudi yang ingin menyelesaikan pelajarannya di universitas atau yang perlu menabung cukup banyak uang sebelum bisa kawin. Biasanya bagian resmi upacara pernikahan dilakukan menurut agama dan adat-istiadat masing-masing, dan dihadiri oleh para anggota keluarga yang paling dekat saja. Akan tetapi, banyak sekali orang akan diundang hadir pada resepsi pernikahan, yaitu acara makan untuk merayakan

UPACARA DAN PERAYAAN

pernikahan mempelai berdua. Boleh dikatakan mereka mengundang semua kenalannya. Kalau Anda berlibur di Indonesia, mungkin sekali Anda pun akan diundang hadir pada resepsi pernikahan. Makin banyak tamu makin meriah, demikian anggapan mereka. Kehadiran Anda di sana dianggap membawa berkat bagi mempelai berdua.

Di gedung resepsi itu biasanya terdapat sebuah meja kecil di dekat pintu masuk, dan di sana berdiri beberapa anggota keluarga itu, biasanya orang perempuan, yang akan minta agar Anda menandatangani buku tamu. Sesudah menandatangani buku tamu, kado yang Anda bawa diterima oleh wanita-wanita itu, dan Anda kemudian akan diberi sebuah kartu kecil yang berisi ucapan terima kasih atas kehadiran Anda dan terima kasih juga atas hadiah Anda. Sesudah masuk ke dalam gedung resepsi, para tamu antri untuk bersalaman dengan kedua mempelai serta keluarganya. Waktu bersalaman dengan mempelai laki-laki dan mempelai perempuan, kita mengucapkan *'Selamat Berbahagia'*, dan mereka menjawab *'Terima kasih'* (maksudnya *'Terima kasih atas ucapan selamat Anda'*). Setelah bersalaman dengan mereka barulah kita mulai mengambil makanan enak yang telah tersedia di sana. Sementara kita makan, biasanya ada beberapa orang yang akan berpidato singkat. Lagi pula, kalau resepsi yang Anda hadiri itu adalah resepsi pernikahan orang Islam, mungkin akan dibacakan beberapa ayat dari Kor'an, dan kalau upacara itu adalah upacara pernikahan orang Kristen, mungkin

Seorang mempelai laki-laki dengan mempelai perempuan di resepsi pernikahan secara Islam, di Pulau Jawa.

Kalau resepsi pernikahan yang Anda hadiri itu adalah resepsi pernikahan orang Bali, maka akan hadir juga seorang Pedande untuk menolak bala supaya upacara itu berjalan dengan selamat.

mereka akan mengucapkan doa. Sesudah selesai makan kita antri untuk bersalaman lagi dengan kedua mempelai. Kali ini kita mengucapkan '*Permisi*', dan mereka menjawab '*Terima kasih*' (maksudnya '*Terima kasih atas kehadiran Anda*'), kemudian kita pulang.

Kartu terima kasih

Assalamu'alaikum Wr. Wb.

Kami sekeluarga mengucapkan beribu terima kasih atas kehadiran, doa restu serta bantuan berupa apa pun atas perkawinan/pernikahan anak-anak kami. Semoga Allah SWT senantiasa melimpahkan Anugerah KaruniaNya kepada kita sekalian.

Wassalamu'alaikum Wr. Wb.

Mempelai berdua   Kel. Moh. K. Soekirman

UPACARA DAN PERAYAAN

Hari Raya Nyepi dan Upacara Melasti

Di Pulau Bali, menurut kalendar Hindu-Bali, tahun baru jatuh pada bulan kesembilan, yang disebut bulan Kesanga. Datangnya tahun baru itu tidak dirayakan dengan pesta besar. Sebaliknya, pada hari itu penduduk Bali sama sekali tidak ke luar dari rumah mereka. Di seluruh pulau Bali tidak ada lampu atau api yang menyala, dan tidak ada orang yang bekerja. Pada hari itu orang Bali tinggal di rumah, bersemadi dan berpuasa. Jalan-jalan di Pulau Bali kosong; toko-toko dan pasar tertutup semuanya. Bahkan para wisatawan diminta tetap tinggal di dalam hotel mereka. Karena itu, hari itu disebut hari Nyepi, yang berarti *"hari sepi"*.

Beberapa hari sebelum hari Nyepi, penduduk dari semua desa di Pulau Bali berjalan kaki dari desa mereka ke pantai dengan membawa sajian serta menjunjung patung idola yang melambangkan dewa-dewa mereka dari pura. Maksudnya adalah supaya patung dewa-dewa itu dibersihkan sebelum mulainya tahun baru. Ini yang disebut upacara Melasti.

How to say 'carry'

We have used the verb **membawa**, meaning 'to carry something', in a general sense. Indonesian, however, has a number of special words meaning 'to carry' depending upon how the object is carried. A few of the verbs most commonly used for this purpose are shown in the following illustrations.

Carry on the back...
menggendong

Ibu Sarmini menggendong bawaannya pulang dari pasar.

Carry over the shoulder...
memikul

Penjual kerupuk memikul kerupuknya ke rumah para langganannya.

Carry balanced on the head...
menjunjung

Di Pulau Bali kita sering melihat wanita-wanita menjunjung barang yang berat.

UPACARA DAN PERAYAAN

Asking how to say something in Indonesian

Perhaps you will need to ask somebody how to say something in Indonesian, or perhaps you will just need to be reminded of the Indonesian word for something. You can ask:

Bagaimana saya mengucapkan ... dalam bahasa Indonesia?
atau
Apa kata bahasa Indonesia untuk ... ?

Contoh:
Susan: Apa kata bahasa Indonesia untuk 'engagement'?
Made: Kata bahasa Indonesia yang berarti 'engagement' adalah 'pertunangan'.
Susan: Oh, begitu, dan bagaimana saya mengucapkan 'congratulations' dalam bahasa Indonesia?
Made: Untuk itu kami mengucapkan 'Selamat' saja, jadi pada waktu pertunangan, kami mengucapkan 'Selamat atas pertunangan Anda berdua'.
Susan: Terima kasih.
Made: Kembali.

Prefix se- + reduplicated adjective + -nya

We use the combination of prefix **se-** + doubled adjective + **-nya** to form adverbs with the meaning of 'as ... as possible'.

Contoh:
sebaik-baiknya = as good/well as possible
secepat-cepatnya = as fast as possible
sekeras-kerasnya = as hard as possible
semurah-murahnya = as cheap as possible

Dalam tarian Barong, penari-penari Bali itu menusuk diri mereka sendiri dengan keris sekuat-kuatnya, tetapi keris itu tidak bisa menebus kulitnya karena mereka dilindungi oleh kekuatan Barong.

TOPIC SIX

Study the following sentences and observe how this form is used.

i) Sopir itu mengendarai taksinya secepat-cepatnya.
ii) Sebelum membeli barang di pasar, tawar semurah-murahnya dulu.
iii) Kado itu harus kita bungkus sebaik-baiknya.
iv) Sebelum upacara pernikahan, rumah mereka dihiasi sebagus-bagusnya.
v) Petani itu bekerja sekeras-kerasnya dari waktu matahari terbit sampai matahari terbenam.

Note:
Many adjectives can be used in this way, but there are a few unusual idioms which do not fit this pattern; eg. **setidak-tidaknya** dan **sedikit-dikitnya** which, as we have already seen, mean 'at least'.

SAAT BERBUKA PUASA
SAAT SYRUP ABC

Setelah sehari penuh berpuasa, tubuh kita membutuhkan gizi yang baik dan minuman yang melindungi pencernaan anda. Ibu-ibu bijaksana yang selalu memperhatikan keluarganya hanya akan membeli yang terbaik, mereka memilih Syrup ABC.

Terdiri dari rasa : Jambu, Mangga, Lychee, Sirsak, Orange, Grape, Lemon Pineapple.

ABC
We Perfect Nature

TOPIC SIX

What have we learned in this topic?

In this topic, **Upacara dan Perayaan**, we have learned a large list of new words, a lot of useful language functions, and some very important points of grammar.

All of these are listed below for your revision purposes. If you revise all of this material carefully you should have no difficulty with the speaking, listening, reading and writing tests which your teacher will be giving you shortly.

Vocabulary

antri to queue up
ayat verse of the Kor'an
bala disaster
bawaan load/goods being carried
berpidato to make a speech
bersalaman to greet
bersemadi to meditate
bungkus (see **membungkus**)
dianggap considered
dihadiri to be attended
dihiasi to be decorated
dilindungi to be sheltered/protected
doa prayer
idola an idol
jadi so/therefore
kehadiran attendance
kenalan acquaintance
Kor'an the holy book of Islam
langganan customer
melambangkan to symbolise
membungkus to wrap
memikul to carry over the shoulder
mempelai laki-laki bridegroom
mempelai perempuan bride
menandatangani to sign
menolak bala to ward off disaster
menembus to pierce/penetrate
mengendarai to drive
menggendong to carry on the back
menusuk to stab
menyala alight (fires and lights)
Pedande priest (Balinese)
peristiwa event
resmi official
sebagus-bagusnya as good as possible
secara in a ... manner
sekeras-kerasnya as hard as possible
semurah-murahnya as cheap as possible
singkat short
tawar offer/bargain

Functions

1. What to say
2. Asking 'What should I say?'
3. Explaining what to say
4. Asking what somebody would like for their birthday
5. Saying what you would like for your birthday
6. Asking 'What should I wear?'
7. Asking 'What gift should I give?'
8. Giving gifts
9. Receiving gifts
10. Asking how to say something in Indonesian
11. How to say 'carry'

Grammar

1. Nouns formed with the **per—an** combination
2. Prefix **se-** + reduplicated adjective + **-nya**

TOPIC SEVEN

Melihat-Lihat di Pulau Bali

Dari Sabang sampai ke Merauke, jumlah pulau di Indonesia tak kurang dari tiga belas ribu. Di antaranya terdapat sebuah pulau yang terkenal di seluruh dunia karena kebudayaannya, keindahan alamnya, serta keramahan penduduknya. Beribu-ribu tahun yang lalu tanah yang sekarang disebut Pulau Bali sebenarnya merupakan sebagian Pulau Jawa. Menurut dongeng, pada waktu itu seorang raja yang berkuasa di Pulau Jawa terpaksa mengusir putranya dari kerajaannya. Beliau mengantarkan putranya itu ke daerah di dekat ujung timur Pulau Jawa, kemudian menyuruhnya pergi. Sesudah putranya tidak terlihat lagi, raja itu membuat sebuah garis pada tanah dengan jari tangannya. Tiba-tiba air laut masuk membanjiri tempat itu sehingga Bali menjadi sebuah pulau.

Dewasa ini, berlainan dengan penduduk yang tinggal di pulau-pulau lain di Indonesia, penduduk Bali beragama Hindu-Bali. Mereka percaya bahwa pulau yang mereka cintai itu adalah pusat dunia; tempat kediaman dewa-dewa. Tidak dapat disangkal bahwa dewa-dewa itu telah bermurah-hati kepada penduduk Bali. Pulaunya indah, tanahnya subur, iklimnya sempurna, dan bahan makanannya berlimpah-limpah. Sebuah pulau firdaus di daerah tropis, demikianlah keadaan di Pulau Bali. Ah, Bali, Pulau Dewata! Marilah kita membaca tentang beberapa tempat yang indah dan menarik di pulau kediaman dewa itu.

Pura Besakih di lereng Gunung Agung adalah tempat tersuci bagi penduduk Pulau Bali.

Menurut orang Bali, para dewa tinggal di tempat-tempat yang paling tinggi, yaitu di puncak gunung-gunung. Gunung tertinggi di Pulau Bali dengan ketinggian 3140 meter di atas permukaan laut adalah Gunung Agung. Oleh karena itu, tidak mengherankan bahwa di lereng Gunung Agung terdapat pura yang paling besar dan yang paling penting di Pulau Bali. Pura Besakih namanya. Pura yang indah dan menarik ini berumur lebih dari seribu tahun dan sampai sekarang pun masih dipergunakan sebagai tempat bersembahyang. Untuk orang Bali, Pura Besakih adalah tempat yang paling suci di pulau mereka.

MELIHAT-LIHAT DI PULAU BALI

Di dekat pantai barat Pulau Bali terdapat sebuah pulau yang kecil sekali. Sebenarnya pulau itu adalah sebuah batu besar yang terletak kira-kira seratus meter saja dari pantai. Di atas batu itu telah didirikan sebuah pura yang sangat indah dan menarik. Nama pura itu adalah Tanah Lot. Pada waktu laut surut kita dapat berjalan kaki ke pura itu, tetapi kalau laut pasang kita hanya bisa melihatnya dari pantai saja. Walaupun Pura Besakih adalah pura yang paling penting bagi penduduk Pulau Bali, tidak dapat disangkal bahwa Pura Tanah Lot adalah pura yang paling indah. Alangkah indahnya pura itu, khususnya pada waktu matahari terbenam! Setiap hari, pada waktu sore, pasti terdapat lebih dari seribu wisatawan yang duduk di pantai menonton matahari terbenam di belakang pura Tanah Lot.

Bukan main indahnya Pura Tanah Lot, khususnya pada waktu matahari terbenam!

TOPIC SEVEN

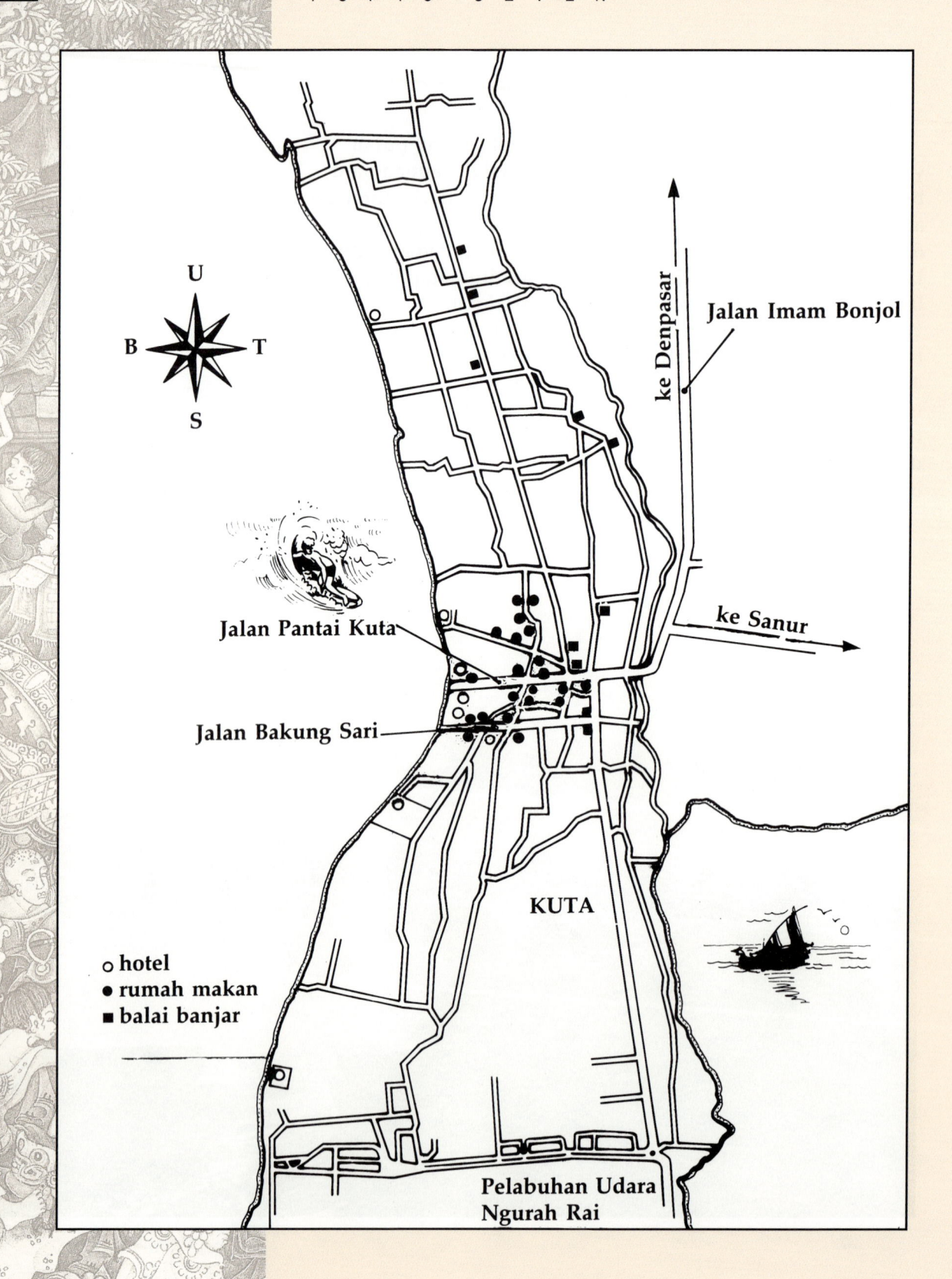

U — **B** — **T** — **S**

Jalan Pantai Kuta

Jalan Bakung Sari

ke Denpasar
Jalan Imam Bonjol

ke Sanur

KUTA

○ hotel
● rumah makan
■ balai banjar

Pelabuhan Udara Ngurah Rai

MELIHAT-LIHAT DI PULAU BALI

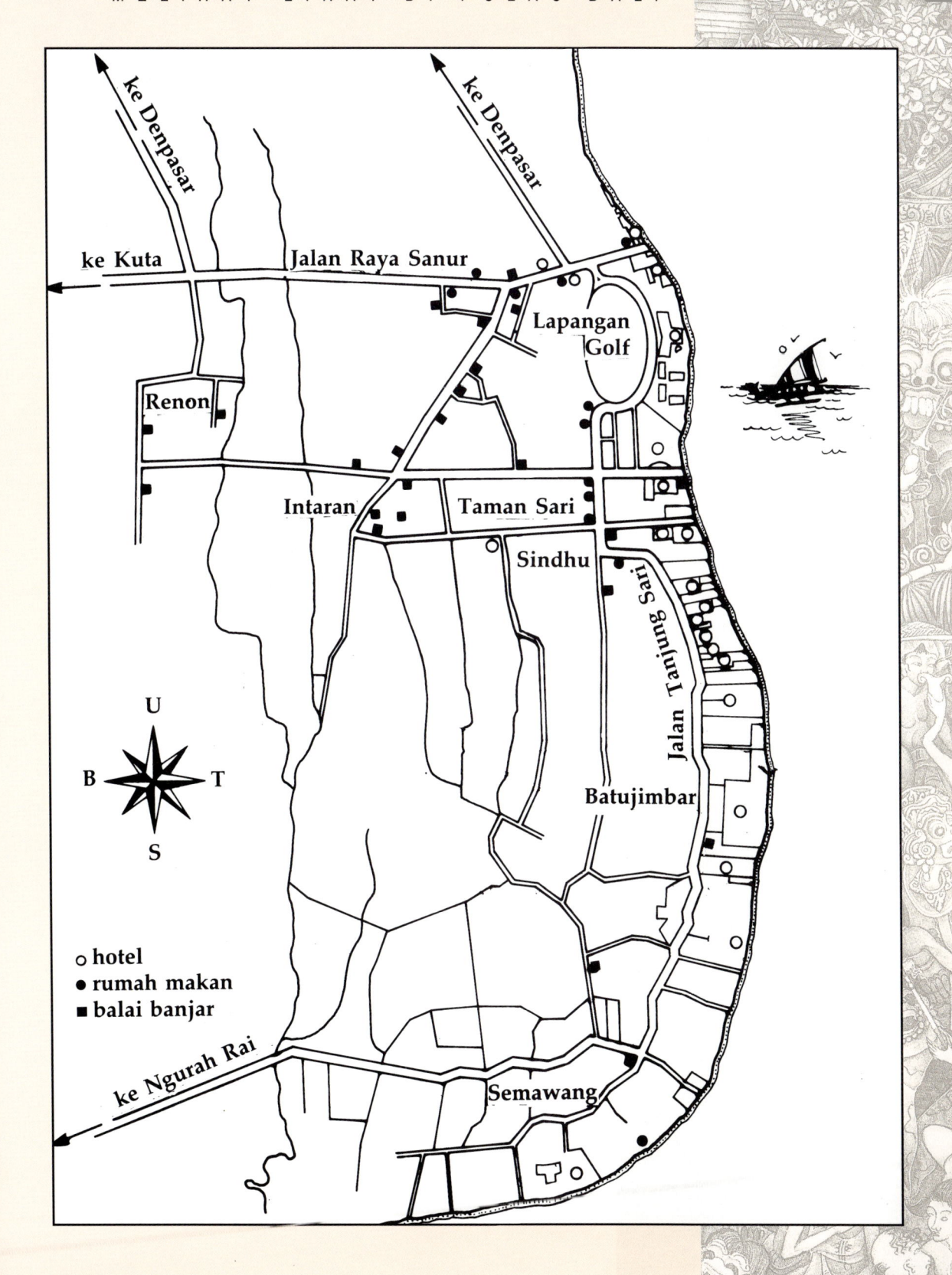

TOPIC SEVEN

Wisatawan yang baru pulang dari Bali sering berkata bahwa penduduk Pulau Bali sangat artistik; seolah-olah hampir setiap orang Bali pandai dalam setidak-tidaknya satu kesenian. Ada yang pandai mematung batu, ada yang pandai mengukir kayu. Ada pula yang pandai melukis, menari, atau menabuh gamelan. Di sebelah utara kota Denpasar terdapat sebuah kota kecil yang terkenal karena penduduknya pandai membuat ukiran kayu yang sangat halus. Kota kecil itu bernama Mas, dan banyak penduduk di sana sejak kecil, telah belajar membuat ukiran kayu. Jenis barang yang dibuatnya dari kayu banyak sekali, dari patung-patung kecil sampai perabot rumah yang sangat besar. Kebanyakan patung itu terbuat dari kayu hitam yang didatangkannya dari Pulau Kalimantan. Ukiran itu dapat kita beli di kota Mas, walaupun harganya tidak begitu murah. Tentu saja yang dijual di pasar di kota Denpasar lebih murah tetapi yang dijual di kota Mas jauh lebih baik mutunya.

Tidak begitu jauh dari kota Mas terdapat kota Peliatan, tempat kita dapat menonton bermacam-macam tarian Bali yang menarik sekali. Pada pagi hari kita dapat menonton tarian Barong, sedangkan pada malam hari kita dapat menonton tarian Legong, tarian Kecak, dan lain-lain. Pada pagi serta petang hari jalan-jalan di kota Peliatan sangat ramai karena banyaknya bus besar yang membawa beratus-ratus wisatawan ke sana untuk menyaksikan tari-tarian itu. Penduduk kota Peliatan terkenal karena kepandaiannya menari sehingga banyak di antaranya juga bekerja sebagai penari di hotel-hotel yang besar di daerah Sanur dan Kuta.

MELIHAT-LIHAT DI PULAU BALI

Banyak pelukis tinggal di kota Ubud. Kita dapat singgah di rumah-rumah mereka untuk menonton mereka melukis, dan untuk membeli lukisan itu.

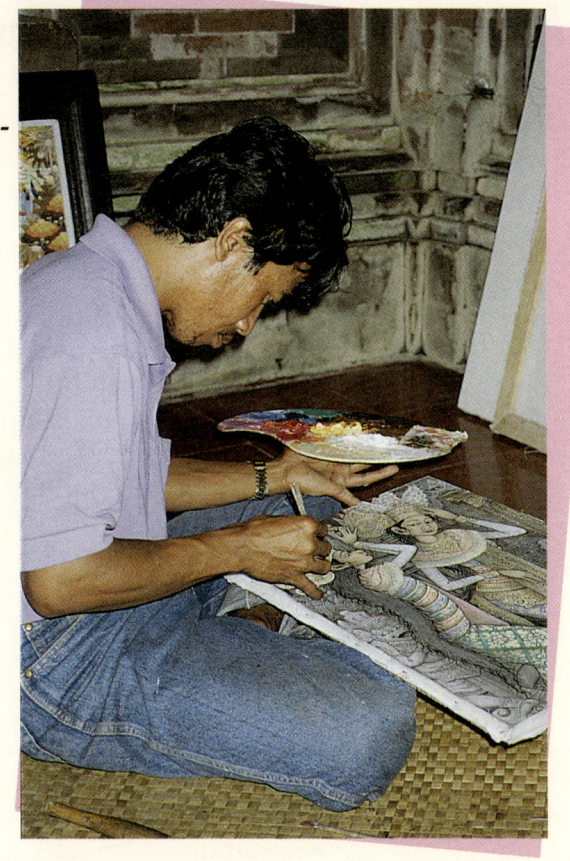

Kalau dari Peliatan kita terus menuju ke arah utara maka kita akan sampai di kota kecil Ubud. Di Ubud tinggal banyak sekali pelukis yang membuat lukisan yang bagus sekali, baik dalam gaya tradisional Bali maupun dalam gaya modern. Kita dapat berjalan-jalan di kota kecil itu dan singgah di rumah-rumah para pelukis untuk melihat-lihat lukisannya. Kalau ada lukisan yang kita senangi, maka kita juga bisa membelinya di sana. Harganya tidak terlalu mahal kalau dibandingkan dengan harga lukisan di negara lain. Lagi pula kebanyakan pelukis itu mau tawar-menawar.

Masih banyak tempat lain yang dapat kita kunjungi di Pulau Bali, dari kota Singaraja di pantai utara sampai ke Uluwatu di ujung selatan. Pura-pura yang indah dan menarik, upacara yang menarik, pemandangan yang indah, serta pantai-pantai yang bagus. Apa saja yang Anda cari, pasti terdapat di Pulau Bali—Pulau Dewata.

Di Kantor Pariwisata Daerah

Di tempat-tempat yang sering dikunjungi oleh para wisatawan, misalnya Jakarta, Yogyakarta, Denpasar, dan lain-lain, pasti terdapat Kantor Pariwisata Daerah, tempat kita dapat minta keterangan dan nasihat mengenai obyek-obyek pariwisata setempat.

Baru!

artistik artistic
batu stone/rock
berlimpah-limpah abundant
bermurah-hati to be generous
cintai (see **mencintai**)
dibandingkan compared to
didatangkan to be imported
didirikan to be built/erected
firdaus paradise
garis a line
kayu hitam ebony timber
kediaman residence
keramahan friendliness
kesenian art
ketinggian height/altitude
melukis to paint (a picture)
membanjiri to flood something
menabuh to strike (esp. to play gamelan)
mengherankan to amaze/to surprise
mengukir to carve
mengusir to drive away/to expel
menyaksikan to witness
menyuruh to order/command
pasang to rise
percaya to believe
seolah-olah as if
subur fertile
suci holy

TOPIC SEVEN

Asking about maps and brochures

Di Kantor Pariwisata Daerah, mungkin Anda ingin minta brosur atau peta. Tanyakan seperti ini:
  Apakah ada peta-peta atau brosur?

Contoh:
Ibu Watson:	Selamat pagi.
Pegawai kantor:	Selamat pagi. Ada apa, Bu?
Ibu Watson:	Apakah ada peta-peta dan brosur mengenai daerah ini?
Pegawai kantor:	Tentu saja ada, Bu. Ini peta Pulau Bali, serta peta daerah Kuta dan Sanur. Brosurnya pun banyak. Ibu boleh memilih dari brosur di atas rak itu.
Ibu Watson:	Terima kasih banyak.
Pegawai kantor:	Kembali, Bu.

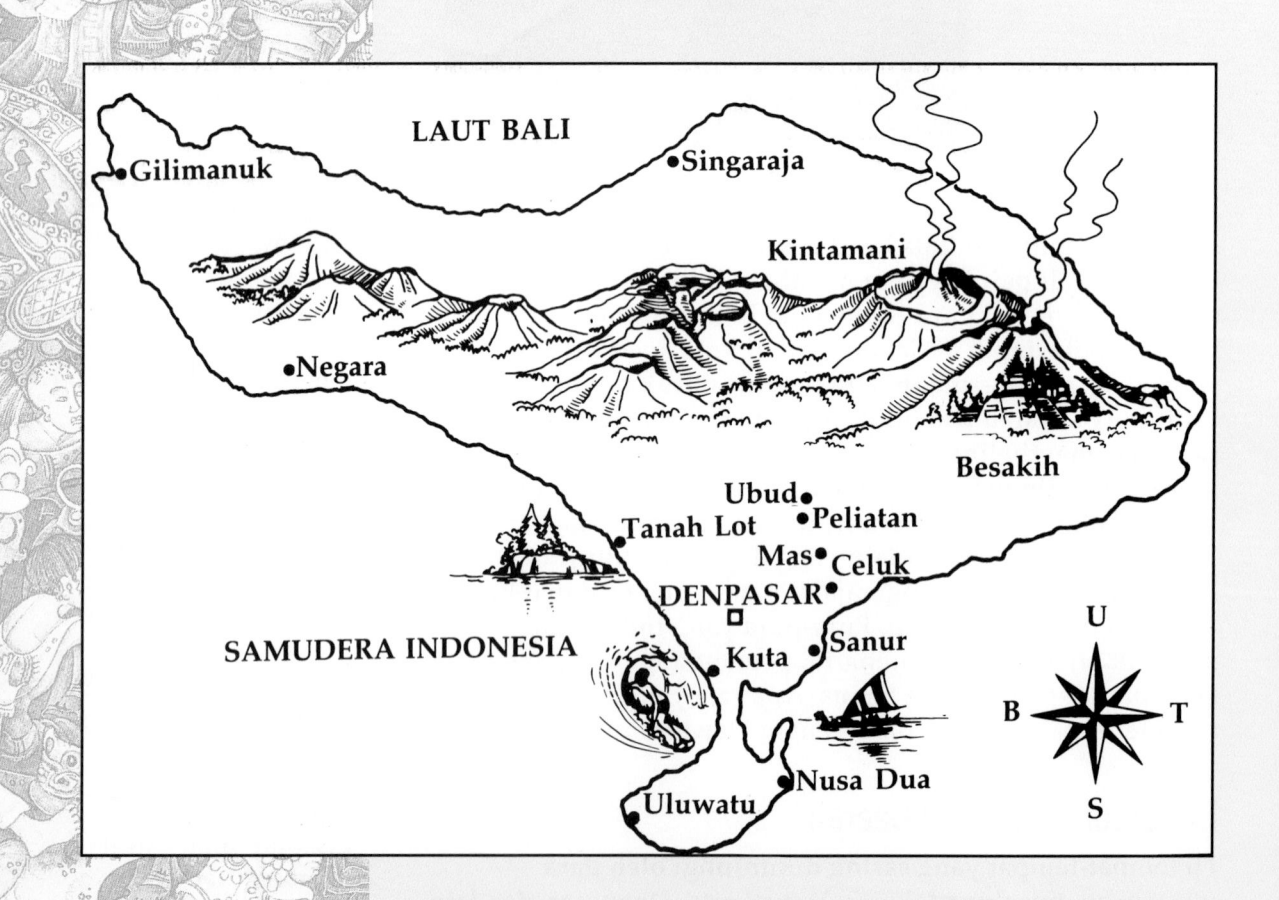

Baru!

surut to withdraw
terlihat visible/able to be seen
terpaksa forced
tiba-tiba suddenly
ukiran a carving

MELIHAT-LIHAT DI PULAU BALI

Asking about places to see

Kalau ingin bertanya mengenai tempat-tempat yang menarik, yang baik untuk dikunjungi, tanyakan seperti ini:
   Tempat apa yang menarik di sini?
   atau
   Tempat apa yang baik untuk dikunjungi?

Asking about guided tours

Mungkin Anda ingin ikut dengan wisata terpimpin ke tempat pariwisata. Kalau begitu Anda bisa bertanya mengenai adanya wisata terpimpin di Kantor Pariwisata Daerah. Tanyakan seperti ini:

   Maaf, Pak/Bu, ada wisata terpimpin ke Kintamani hari ini?
   atau
   Maaf, Pak/Bu, ada tamasya terpimpin ke Candi Dasa hari ini?

Kami mengadakan perjalanan terpimpin ke banyak tempat yang menarik di Pulau Bali.

Asking about the meaning of things that you see

Kalau mengadakan perjalanan di Indonesia, pasti Anda akan melihat kejadian yang kelihatannya aneh, yang tidak Anda mengerti. Kalau melihat sesuatu yang tidak Anda mengerti Anda bisa bertanya seperti ini:

   Apa arti ...
   atau
   Apa maksud ...
   atau
   Apa tujuan ...

   Contoh: Setiap pagi hari saya melihat wanita-wanita meletakkan bunga serta buah-buahan di depan rumah mereka. Apa tujuan tindakan itu?

TOPIC SEVEN

Setiap hari, setiap keluarga Bali membuat beberapa sajian untuk dewa-dewa. Sajian itu biasanya terdiri dari bunga, buah-buahan, nasi, serta kemenyan. Sajian itu kelihatan di mana-mana di Pulau Bali. Ada yang diletakkan pada pura keluarga itu, ada yang diletakkan di depan pintu rumahnya atau tokonya, ada yang diletakkan di dalam mobil dan bus. Maksudnya adalah menyenangkan hati dewa-dewa dan menolak bala.

Asking if you may take photographs

Hampir setiap orang yang berkunjung ke Indonesia membawa alat pemotret karena ingin mengambil foto-foto untuk kenang-kenangan. Orang Indonesia biasanya ramah sekali dan suka dipotret. Bahkan ada yang minta dipotret, khususnya anak-anak kecil. Walaupun demikian, orang yang memotret begitu saja, tanpa minta ijin dahulu, mungkin dianggap kurang sopan. Oleh karena itu, sebaiknya Anda selalu minta ijin dulu. Tanyakan seperti ini:

Maaf Pak, apa saya boleh memotret Bapak?
atau
Maaf Pak/Bu, saya boleh memotret di sini?

MELIHAT-LIHAT DI PULAU BALI

Barong dan Rangda

Menurut orang Bali, di dunia ini terdapat dua sumber kekuatan yang terus-menerus berlawanan; kedua kekuatan itu mau menguasai dunia ini serta manusia yang mendiaminya. Yang satu adalah sumber kekuatan yang jahat, yang menyebabkan segala kesengsaraan dan penderitaan. Dia menguasai roh-roh jahat yang tinggal di kuburan pada waktu malam. Yang satu lagi adalah sumber kekuatan yang baik, yang melindungi manusia. Yang baik itu bernama Barong, dan dilukiskan sebagai seekor binatang raksasa, rupanya seperti singa atau naga, sedangkan yang jahat bernama Rangda dan dilukiskan sebagai seorang janda yang sangat jahat. Pertentangan antara kedua sumber kekuatan ini dilukiskan dalam tarian Barong yang setiap hari ditonton oleh beratus-ratus wisatawan di Pulau Bali. Biasanya Barong yang masuk panggung dulu, dimainkan oleh dua orang laki-laki yang menjadi kaki depan dan kaki belakang dari Barong itu. Barong itu menari bersama dengan seekor monyet.

Rangda, yang dianggap menyebabkan segala kesengsaraan dan penderitaan yang dialami oleh manusia.

TOPIC SEVEN

Bagian ini sangat lucu sehingga banyak penonton tertawa, tetapi segera sesudah itu diamlah para penonton karena sekarang masuk Rangda yang jahat itu. Kemudian menyusul perkelahian antara Barong dan Rangda. Penari-penari lain menyerbu Rangda dengan kerisnya, akan tetapi Rangda menggunakan kesaktiannya untuk memaksa mereka menusuk diri mereka sendiri dengan kerisnya. Walaupun demikian, kesaktian Barong lebih kuat daripada kesaktian Rangda sehingga keris itu tidak menembus kulit penari-penari itu. Karena kesaktian Barong lebih kuat daripada kesaktian Rangda, maka Rangda selalu dikalahkan dan masyarakat tetap dilindungi oleh Barong. Namun demikian, Rangda tidak bisa dibunuh. Walaupun dikalahkan, Rangda masih ada, sehingga perjuangan antara kekuatan yang baik dan kekuatan yang jahat itu akan terus berlangsung.

Barong, yang melawan Rangda untuk melindungi manusia dari kekuasaan Rangda.

Showing somebody around

What would you like to see?
Kalau ingin tahu apa yang ingin dilihat oleh seorang teman, maka Anda bisa bertanya:

> Mau melihat apa?

What are you interested in?
Anda bisa bertanya pula tentang minatnya.
Tanyakan seperti ini:

> Kamu tertarik akan apa?

Would you like to visit ... ?
Kalau ingin bertanya apakah teman Anda itu ingin mengunjungi suatu tempat, Anda dapat bertanya:

> Mau berkunjung ke .... ?

Would you like to see ... ?
Untuk bertanya apakah teman Anda itu ingin melihat sesuatu, Anda bisa bertanya:

> Mau melihat ... ?

Perhaps you would like to see ... ?
Untuk menyarankan sesuatu yang menarik dan baik untuk dikunjungi Anda bisa berkata:

> Mungkin kamu ingin melihat ... ?

Here we can see ...
Kalau ingin menunjukkan sesuatu, Anda bisa berkata:

> Dari sini kita dapat melihat ...

Kalau tertarik akan tarian Bali, mungkin kamu ingin pergi ke kota Peliatan atau Batubulan. Di kedua tempat itu kita bisa menonton beraneka macam tarian Bali.

Mungkin tarian yang paling terkenal dan yang paling digemari orang adalah tarian Barong yang diadakan di beberapa tempat di kota Batubulan setiap hari. Salah satu peran dalam tarian itu adalah seekor monyet. Kalau monyet itu bermain-main dengan Barong, semua hadirin tertawa karena tingkah-lakunya serta gerak mukanya lucu sekali.

Sebaiknya kamu tiba di sana setidak-tidaknya setengah jam sebelum tarian itu dimulai. Dengan demikian kamu pasti akan mendapat tempat duduk di depan. Dari sana, gerak muka para penari dapat dilihat secara terperinci.

TOPIC SEVEN

Describing objects and places

When you want to describe something, or some place, you will need to be able to recall appropriate adjectives. The adjectives listed below will be useful for this purpose. They are all words which we have learned before, but this is a good time to revise them.

MELIHAT-LIHAT DI PULAU BALI

bersejarah	historic
indah	beautiful
kuno	ancient
luas	extensive
menarik	interesting
penting	important
suci	holy/sacred

Tarian Bali biasanya diringi dengan gamelan. Gamelan adalah semacam musik yang sangat kuno.

Remember!
To emphasise the description, move it to the front of the sentence.

Contoh:
  i) **Kuno sekali pura itu!**
  ii) **Menarik sekali tarian itu!**
  iii) **Indah sekali pemandangan dari sini!**

Read and study the following conversation carefully. It contains several of the language functions which we have learned recently.

Baru!

adanya the existence of...
bahkan moreover/even (exclamatory)
begini saja just like this
begitu saja just like that
bersejarah historic
brosur brochure
dipotret to be photographed
hadirin those in attendance
Kantor Pariwisata Daerah Regional Tourism Office
kemenyan incense
kenang-kenangan souvenirs/memories
keterangan information
menunjukkan to point out
Oh, begitu! Oh, I see!
peta map
seluruh whole/entire
sesuatu something
tamasya view/scene/spectacle performance
tamasya terpimpin guided tour
tanyakan ask
terperinci in (fine) detail
tindakan measure/step/action
tujuan aim/purpose/objective
wisata terpimpin guided tour

TOPIC SEVEN

Di Kantor Pariwisata Daerah, Denpasar

Pegawai kantor: Selamat pagi. Ada apa, Bu?
Susan: Selamat pagi, Pak. Saya sedang mencari keterangan mengenai tempat-tempat yang menarik dan yang baik untuk dikunjungi di pulau ini. Apakah ada peta-peta atau brosur?
Pegawai kantor: Tentu saja ada, Bu. Ini peta kota Denpasar, peta daerah Kuta serta Sanur, dan sebuah peta seluruh Pulau Bali. Tempat mana yang ingin Ibu kunjungi?
Susan: Belum pasti. Ini pertama kali saya berkunjung ke Pulau Bali.
Pegawai kantor: Oh, begitu. Tempat yang dapat dikunjungi di sini sangat banyak. Ibu tertarik akan apa?
Susan: Saya tertarik akan pemandangan alam serta kebudayaan orang Bali.
Pegawai kantor: Kalau begitu mungkin Ibu ingin berkunjung ke Kintamani. Bukan main indahnya pemandangan di sana!
Susan: Apa Kintamani jauh dari sini?
Pegawai kantor: Cukup jauh juga. Perjalanan pulang pergi makan waktu delapan jam. Ibu bisa makan siang di restoran di Kintamani.
Susan: Mungkin saya akan berkunjung ke Kintamani besok. Hari ini saya ingin mengadakan tamasya setengah hari saja.
Pegawai Kantor: Kalau begitu, mungkin Ibu ingin pergi menonton tarian Bali. Menurut pendapat saya tarian yang paling menarik ialah tarian Barong. Ibu dapat pergi menontonnya di kota Peliatan.
Susan: Memang saya sangat tertarik akan tarian Bali. Ada wisata terpimpin ke sana?
Pegawai kantor: Ada. Ibu bisa ikut dengan rombongan terpimpin. Ongkosnya hanya Rp 8.000 saja.
Susan: Baiklah. Saya akan turut menonton tarian Barong itu. Terima kasih atas bantuan Bapak.
Pegawai kantor: Kembali.

Asking 'Is this seat taken?'

At a performance, or perhaps on a bus, you might need to ask if a seat is taken. Ask:
Apakah tempat ini sudah ada yang punya?

Asking 'May I sit here?'

To ask if you may sit in a particular seat, say:
Maaf, saya boleh duduk di sini?

Contoh:
Susan: Apakah tempat ini sudah ada yang punya?
Adi: Belum.
Susan: Wah untung! Kalau begitu, saya boleh duduk di sini?
Adi: Silakan.

Asking somebody if they remember

To ask somebody if they remember something you can ask:
Apakah kamu ingat...
atau
Kamu ingat...

Perhaps you want to jog somebody's memory. In this case it's more like saying 'Don't you remember?'. Use the phrase **'Tak ingat?'**.

Contoh:
Ketut: Ayo, Made! Bangunlah! Hari ini kita ada acara.
Made: Acara apa, Tut?
Ketut: Tak ingat? Hari ini kita harus mengantarkan Sally ke pelabuhan udara. Nanti siang dia pulang ke Australia.

Responding

'Of course I remember.'
To indicate that you do remember you can respond:
Tentu saja saya ingat.
atau
Tentu saja tidak lupa.

'Oh, I forgot.'

When you have forgotten something you can say:
   Aduh! Saya sudah lupa.

'I almost forgot.'

When you almost forget something, and remember just in time, you can say:
   Hampir saja saya lupa.

'I vaguely remember.'

Sometimes we vaguely remember something, but the details are not clear. In this case you can say:
   Saya lupa-lupa ingat.

Di pelabuhan udara Ngurah Rai

Ketut: Bagaimana sekarang? Sudah siap berangkat?
Sally: Sudah. Tiket saya telah diperiksa dan kopor-kopor sudah dimasukkan juga.
Ketut: Apakah Sally sudah membayar pajak udara?
Sally: Aduh! Hampir saja saya lupa, tetapi tidak apa-apa. Pajak itu bisa saya bayar sebelum paspor saya diperiksa di bagian imigrasi.
Made: Apakah Sally senang berlibur di Pulau Bali?
Sally: O, ya. Liburan ini sangat menyenangkan. Saya mengucapkan banyak terima kasih kepada Anda sekeluarga atas kebaikan hati Anda semua. Untuk Anda, ini hadiah kecil sebagai tanda terima kasih.
Made: Terima kasih kembali. Jangan lupa menyampaikan salam kami kepada keluarga Sally di Australia.
Ketut: Ya, dan jangan lupa menulis surat juga. Mudah-mudahan kita bisa bertemu lagi di masa depan.
Sally: Ya, mudah-mudahan begitu. Selamat tinggal.
Ketut dan Made: Selamat Jalan.

MELIHAT-LIHAT DI PULAU BALI

What have we learned in this topic?

In this topic, **Melihat-lihat di Pulau Bali**, we have learned a large list of new words and quite a number of useful language functions.

All of these are listed below for your revision purposes. If you revise all of this material carefully you should have no difficulty with the speaking, listening, reading and writing tests your teacher will be giving you shortly.

Functions

1. Asking about maps and brochures
2. Asking about places to see
3. Asking about guided tours
4. Asking about the meaning of things that you see
5. Asking if you may take photographs
6. Asking 'What would you like to see?'
7. Asking 'What are you interested in?'
8. Asking 'Would you like to visit . . . ?'
9. Asking 'Would you like to see . . . ?'
10. Saying 'Perhaps you would like to see . . . '
11. Saying 'Here we can see . . . '
12. Describing objects and places
13. Asking 'Is this seat taken?'
14. Asking 'May I sit here?'
15. Asking somebody if they remember
16. Responding:
    Of course I remember.
    Oh, I forgot.
    I almost forgot.
    I vaguely remember.

Vocabulary

berlangsung to go on/continue
berlawanan to be contrary/to be in opposition
diamlah quiet
dibunuh to be killed
dikalahkan to be defeated
dilukiskan to be depicted
dimainkan to be played/enacted
imigrasi immigration
ingat remember
janda widow
kekuatan power/strength
kesengsaraan misery
memaksa to force
mendiami to inhabit
menguasai to control
menyerbu to attack
menyusul to follow
naga dragon
panggung stage/platform
penderitaan suffering
perkelahian a fight
pertentangan opposition/resistance
raksasa gigantic
roh spirit
singa lion
terus-menerus continually/without end

Daftar kata

A

adanya the existence of...
adat-istiadat customs/traditions
agak rather/quite
agen agent/agency
akhir the end
akibat the result consequence
aksi action
aktris actress
alam nature
alamat an address
alat musik musical instrument
alat pemukul striking implement/hammer
alat pendingin udara air conditioner
alias alias (**nama samaran**)
alkohol alcohol
Allah God
andaikata if/suppose that...
aneh strange
anggapan opinion/belief
anggota member
angin wind
angin ribut a storm
angka numeral
angkasa outer space
antara lain amongst others/including
antri to queue up
api fire
arah direction
artikel an article
artistik artistic
arwah soul/spirit
asli indigenous/original
awak crew
awan a cloud
ayat verse (of the Ko'ran)

B

baca see **membaca**
bagasi baggage/luggage
bahkan moreover/even (exclamatory)
bala disaster
band band
banjir a flood
bantal pillow
banyaknya the (large) quantity of...
basah wet/soaked
batu stone/rock
bawaan load/goods being carried
bayi baby
beban load/burden
begini it's like this...
begini saja just like this
begitu saja just like that
bekerja sama work together/cooperate
belasan between 11 and 19
beli see **membeli**
benua continent
berarti to mean
berbeda different
berbunyi to make a noise
berdansa to dance
berdekatan to be adjacent
berduka cita to grieve/mourn
berfungsi to function
bergembira to be happy
berikan see **memberi**
berikut next/following
berita news
berjanji to promise
berjemur to sunbathe
berjenis-jenis many kinds of
berjudul entitled/having the title
berkali-kali time after time
berkat blesing
berkata say/said
berkumpul to gather
berkurang to decrease
berlansung to go on for.../continue
berlawanan to be contrary/to be in opposition
berlimpah-limpah abundant
bermaksud to intend
bermurah-hati to be generous
bernasib having a fate
beroda having wheels
berpendingin udara air conditioned
berpidato to make a speech
berpuasa to fast
bersalaman to greet
bersama together
bersejarah historic
bersemadi to meditate
berski to ski
bertali having strings/stringed
bertanggungjawab to be responsible for something
bertiup to blow
biola violin
brosur brochure
bulanan something occurring monthly
buruk bad
busana fashion

C

campuran a mixture
cari see **mencari**
cermin a mirror
cewek girl/'chic'
cintai see **mencintai**
cocok suitable/appropriate
cuma-cuma free/without charge
curam steep

DAFTAR KATA

D

darmawisata picnic/excursion
dataran rendah low plain
dataran tinggi high plateau
demi for the sake of...
demikian it is so/thus
demikian juga so too
dengarkan *see* **mendengarkan**
detektif detective
dewa a god
dewi a goddess
di mana-mana everywhere/all over the place
diajak to be invited
Diamlah! Be quiet!
dianggap considered
dibaca to be read
dibakar to be burned
dibandingkan compared to
dibantu to be helped
diberikan to be given
dibersihkan to be cleaned
dibesarkan brought up
dibimbing to be led
dibunuh to be killed
dicetak to be printed
diciptakan to be created
dicuci to be washed
didatangkan to be imported
didirikan to be built/erected
dieja to be spelt
diganti to be changed/replaced
digoyang-goyangkan to be shaken
dihadiri to be attended
diharapkan to be hoped for/expected
dihiasi to be decorated
diiklankan to be advertised
diiringi to be accompanied
diisi to be filled
dijatuhkan to be dropped
dikalahkan to be defeated
dikatakan to be said
dikelilingi surrounded
dikuasai ruled/controlled
dikubur to be buried
dilaporkan to be reported
dilarang forbidden
dilebarkan to be expanded
dilengkapi to be equipped with
dilindungi to be sheltered/protected
dilukiskan to be depicted
dimainkan to be played/enacted
dimaksudkan intended to be...
dimasak to be cooked
dimuat to be held/carried
dinyanyikan to be sung
dipakai to be used
dipanggil to be called
dipengaruhi to be influenced
diperbaiki to be repaired
dipergunakan to be used
diperhatikan to be paid attention
diperhentikan to be stopped
diperkenalkan to be introduced
diperlebar to be widened
diperlukan to be needed
diperpanjang to be lengthened
dipersembahkan to be offered/presented
dipinjamkan to be loaned
dipisahkan to be separated
dipotret to be photographed
diproklamirkan to be proclaimed
diri self (abbreviated form **sendiri**)
dirusakkan to be damaged
disambung to be connected
disangkal to be denied
disebabkan to be caused by
diselesaikan to be finished/completed
disembunyikan to be hidden
disetrika to be ironed/pressed
disetujui to be agreed upon
disewa to be rented/hired *from* somebody
disewakan to be rented/hired *to* somebody
disiarkan to be broadcast
distribusi distribution
ditabuh to be hit/struck
ditabung to be saved (money)
ditampilkan to be put forward
ditangkap to be arrested/captured
ditemani to be accompanied
ditempelkan to be attached/stuck on
ditentukan to be determined/specified
diterbitkan to be published
dititip to be deposited
ditiup to be blown
ditunggu to be awaited
diukir to be carved/engraved
doa prayer
dokumentasi documentary
drama drama
dunia world

E

edisi an edition
ejaan the spelling
ekonomi economy
elektronik electronic

DAFTAR KATA

F
fantasi fantasy
firdaus paradise
formulir a form
fungsi a function
futbal football (the game)

G
gambang xylophone like instrument
garis a line
gemar to be fond of
gemari see **menggemari**
golek see **wayang golek**
gong a gong
gorden curtain
gotong-royong mutual cooperation/mutual aid
grup a group (musical)
guntur thunder

H
hadirin those in attendance
hal a matter
halilintar lightning
handuk towel
harap hope
harian a daily (newspaper)
harum fragrant
hasil result/produce/product
hawa climate/air
hidangan dishes/food served up
hidup to live
hoki hockey

I
idola an idol
iklim climate
imigrasi immigration
ingat remember

Insya Allah God willing
interlokal long distance/trunk call
isi contents (see also **mengisi**)

J
jadi so/therefore
janda widow
jatuh to fall
jawaban an answer/reply
jelas clear/obvious
jernih clear/pure (for fluids)
jika if
jikalau if
jualan merchandise
judul title

K
kacang peanuts
kado gift
kagum to be amazed/to admire
kalangan circle of friends
kampung halaman native village/birthplace
Kantor Pariwisata Daerah Regional Tourism Office
kapal angkasa spacecraft
karier career
kartu card
kartun cartoon
kasus a (police) case
katakanlah say this...
kaus kaki socks
kayu wood/timber
kayu hitam ebony timber
kayu jati teak wood
kebetulan saja by coincidence
kebudayaan culture
kebutuhan needs/necessities
kediaman residence
kedua both
kehadiran attendance
kehijau-hijauan greenish
keindahan beauty
kekerasan violence
kekuatan power/strength
kemenyan incense
kemewahan luxury/extravagance
kenakan wear (see **mengenakan**)
kenalan acquaintance
kenang-kenangan souvenirs/memories
kendang a type of drum
kendaraan vehicle
kendi water jug
kepopuleran popularity
kepulauan archipelago
keputusan decision
kera monkey
kerajinan diligence/industriousness
keramahan friendliness
keranjang basket
kerbau domesticated water buffalo
kering dry
keroncong a style of popular Indonesian music
kesayangan favourite
keselamatan safety
kesempatan time/opportunity
kesengsaraan misery
kesenian art
kesusasteraan literature
keterangan information
ketinggian height/altitude
ketupat rice cooked in small container of young coconut leaves
khatulistiwa the equator
kian increasingly/so much
kikir stingy

DAFTAR KATA

kirimkan *see* **mengirimkan**
klub malam night club
komedi comedy
koran newspaper
kotor dirty
kotoran filth
kuat strong
kuburan cemetery/grave
kumpulan a collection
kunjung-mengunjungi to visit each other
kunjungi *see* **mengunjungi**
kurus skinny

L

lagu kebangsaan national anthem
lakon a play/drama (often relating to **wayang**)
laku popular/in demand
lalu lintas traffic
langganan customer
langit the sky
lapangan bulu tangkis badminton court
lapangan tenis tennis court
layar sail/screen
lebat thick/dense
legendaris legendary
lemari pakaian wardrobe
lembab humid
lembu bull
lokal local
lotto lottery
luasnya extensiveness
lucu funny/amusing
lukisan a painting
lumpia small spring roll

M

Maha Esa Almighty
mahaguru professor
maju to make progress
makhluk creature
malang unfortunate
manisan sweets/lollies/dessert
mas dear (term of affection)
masa age/era
masa depan the future
masalah problem
massa *see* **media massa**
matang mature
mati to die (usually for animals/plants etc.)
mayat corpse/dead body
media massa the mass media
meja tulis desk
melambangkan to symbolise
melayani to serve
melewati to pass by/pass over
melindungi to shelter/protect
melukis to paint (a picture)
memainkan to play an instrument
memaksa to force
memanasi to heat something
memanaskan to heat something
memandang to look
memanen to harvest something
mematung to sculpt/create a sculpture
membahas to discuss
membajak to plough
membanjiri to flood
memberi to give something
membimbing to lead
membintangi to star in (a film)
membosankan boring
membuang to throw away/discard
membukai to open something (plural objects)
memerlukan to need something
memikirkan to think about
memikul to carry over the shoulder
memiliki to own
meminjam to borrow
mempekerjakan to employ
mempelai bride/bridegroom
mempelai laki-laki bridegroom
mempelai perempuan bride
mempelajari to make a detailed, in-depth study of something
memperbarui to renew something
memperbesar to enlarge
mempergunakan to use something
memperhatikan to pay attention to something/someone
memperhentikan to stop something/someone
memperkenalkan to introduce
memperluas to widen
memperpanjang to lengthen something
mempertunjukkan to show something
memuat to hold/carry (a news story)
memukul to hit/strike
memukuli to hit (repeatedly)
menabuh to strike/hit (esp. to play gamelan)
menabur to sow/strew
menakutkan frightening
menanami to plant (a field)
menandatangani to sign something

DAFTAR KATA

menang to win
menangkap to arrest/capture
menara tower
mencapai to achieve/reach
mencari to search for something
mencintai to love
mendaftarkan diri to register/enrol oneself
mendapati to find
mendekatkan to move something closer
mendiami to inhabit
menduduki to sit in/occupy
mendudukkan to seat somebody/something/somewhere
mendung overcast/cloudy
menekan to press (a button)
menembus to pierce/penetrate
mengagumi to admire
mengajar to teach somebody
mengajarkan to teach a subject
mengalami to experience
mengantarkan to accompany
mengarang to write (a book or story)
mengecewakan to disappoint
mengenai about/concerning (**tentang**)
mengenakan to wear/put on
mengenalkan to introduce
mengendarai to drive
mengesankan impressive/to create an impression
mengganggu to annoy/interfere

menggemari to be fond of something
menggembirakan to make somebody happy
menggendong to carry upon the back
mengharapkan to hope for/to expect something
menghargai to appreciate/to value
menghasilkan to produce something
menghentikan to stop something/someone
mengherankan to amaze/to surprise
menghibur to entertain
menghujani to shower somebody with something
mengikuti to follow
mengiringi to accompany
mengobati to apply medicine/to treat
menguasai to control
mengukir to carve
mengumumkan to announce
mengusir to drive away/expel
meniduri to sleep upon something
menidurkan to put someone to sleep
menikah to marry
meningkat to increase
menjelaskan to explain
menjemput to meet somebody
menjunjung to carry balanced on the head
menolak bala to ward off disaster
menuju to go towards/in the direction of
menukar to swap/exchange
menulis to write something

menunjukkan to point out
menusuk to stab
menutupi to close something (plural objects)
menyaksikan to witness
menyala alight (fires and lights)
menyambungkan to connect
menyambut to greet
menyanyikan to sing something
menyarankan suggest/propose
menyeberangi to cross to the other side of
menyelamatkan to save/rescue
menyenangi to like something
menyenangkan to make somebody happy
menyerbu to attack
menyerupai to resemble
menyetrika to iron/press
menyetujui to agree to something
menyewa to rent something *from* somebody
menyewakan to hire something *to* somebody
menyiarkan to broadcast
menyirami to spray with water
menyukai to like something
menyuruh to order/command
menyusul to follow
merasakan to feel something
merayakan to celebrate
merdu melodious
meriah cheerful
mertua parents in-law
merupakan to represent
mesin piringan hitam a record player

DAFTAR KATA

minat interest/interests
mingguan weekly
minyak wangi perfume
moga-moga let's hope that/it is hoped that…
mogok to break down/go on strike
mohon request
muak sick and tired of…
muka face/front
mulainya the beginning/commencement
musim season
musim bunga spring (the season)
musim dingin winter
musim gugur autumn
musim hujan the rainy season
musim kemarau the dry season
musim panas summer
musim semi spring (the season)
musuh enemy

N

Nabi Mohammad the prophet Mohammad
naga dragon
nenek-moyang ancestors
ngeri horror
nol zero

O

Oh, begitu! Oh, I see!
operator operator (telephone)
orkes an orchestra

P

padi rice plant
pagelaran performance
panggillah please call
panggung stage/platform
panitia committee
pantas suitable/appropriate
parit ditch/trench/gutter
pasang to rise
pecah broken/smashed in pieces
pedande priest (Balinese)
pelajarilah study carefully
pelayanan service
pelayanan kamar room service
pelebaran the widening/extending of something
pelukis artist/painter
peluru bullet
pemancar transmitter
pemandangan view/scenery
pemasaran the marketing of something
pembaca reader
pembacaan the reading of…
pembakaran the burning of something
pembangunan development
pemberian gift (also the giving of something)
pembersihan the cleaning of something
pembunuhan murder
pemimpin leader
pemuja fans (music/film fans etc.)
penanggalan calendar
pencetakan the printing of something
penderitaan suffering
penerangan information/enlightenment
penerima receiver/addressee
pengalaman an experience
pengarang author
pengaruh influence
penggambar illustrator
penggambaran the illustrating of something
pengiklanan the advertising of something
pengumuman announcement/the announcing of something
penjelasan explanation
penutup tempat tidur bedspread
penyambutan the greeting of somebody
penyewaan the renting/hiring of something
penyiar announcer
penyiaran the broadcasting of something
perahu layar sailing boat
perampok robber/stick-up person
peran actor/character
peranan role/part
Perancis France/French
perangkat equipment
perayaan celebration
perbedaan the difference
percakapan conversation
percaya to believe
Perdana Menteri Prime Minister
perekonomian all matters pertaining to the economy
perfilman filming/associated with films
Perhatikanlah! Pay attention!
perhotelan all matters pertaining to the hotel industry
perindustrian all matters pertaining to industry
peristiwa event
perjalanan terpimpin guided tour

perkawinan marriage
perkelahian a fight/violence
perkembangan developments
perkumpulan club/association
perlindungan shelter/protection
perluasan the widening/extending of something
permisi dulu excuse me (when leaving)
permisi excuse me (when leaving)
permukaan surface
pernikahan marriage
persahabatan friendship
persetujuan agreement
persiapan preparations
persis exactly/precisely
persuratkabaran all matters pertaining to the newspaper industry
pertanyaan a question
pertentangan opposition/resistance
pertualangan adventure
pertunangan engagement (for marriage)
pesuruh messenger/porter/bellboy
peta a map
petunjuk directions/instructions
pikiran thoughts
pilihlah saja you choose
planet planet
politik politics/political
praktis practical
pribumi native/indigenous
proklamasi a proclamation
puasa a fast
puluhan dozens
puncak summit/peak
pura temple (usually Balinese)
putra son
putri daughter

R

radio radio/transistor
raksasa gigantic/demon
ramping slender
rata-rata on the average
ratusan hundreds
rebab a type of stringed instrument
redaksi editorial staff
remaja adolescent/young people
rendah low
resep masakan recipe
resepsi reception
resmi official
ribuan thousands
ribut commotion/bustle (see **angin ribut**)
roda a wheel
roh spirit
romantis romantic
rombongan group/party of people
ruang masuk reception room/lobby
rugby rugby
rusak damaged/broken

S

sajian an offering
salah satu one of ... (for objects)
salah seekor one of ... (for animals)
salah seorang one of ... (for people)
salju snow
saluran a channel
sampah rubbish/trash
sampai arrive
sampaikan pass on/convey (see **menyampaikan**)
samping alongside of
sampul cover/wrapper
Sang Merah Putih the Indonesian flag
satu-satunya the only one/the one and only
sebab because/the reason
sebagai as
sebagian besar a large proportion of/the majority
sebagus-bagusnya as good as possible
sebaik-baiknya as good as possible
sebaliknya on the contrary
secara in a ... manner
secepat-cepatnya as fast as possible
segera immediate
sejumlah a number of ...
sekeras-kerasnya as hard as possible
sekian dulu that's all for now
sekitar around
seksi sexy (also section)
sekurang-kurangnya at least
selesainya upon completion
selimut blanket
seluruh whole/entire
semoga let's hope that ... (**moga-moga**)
sempat to have the opportunity
semurah-murahnya as cheap as possible
senangi see **menyenangi**
seolah-olah as if ...
sepanjang along/throughout
seprai bedsheets

DAFTAR KATA

seperangkat a set of...
seri series/serial
sesuatu something
setempat local
setengah-setengah half-hearted
setiba upon arrival
setidak-tidaknya at least
sewa rent
siapkan prepare (*see* **menyiapkan**)
siaran a broadcast
sibuk busy
SIM (Surat Izin Mengemudi) driver's licence
singa lion
singkat short
singkatan abbreviation
sisi side/edge
sistem system
soal matter/question/problem
spion a spy
spionase espionage
suami husband
suasana atmosphere
subur fertile
suci holy
sudut a corner
sukai *see* **menyukai**
suku bangsa ethnic group
suling a flute
sulit difficult/complicated
sumber source
sungai river
sungguh really
sungkem to show respect by bowing on hands and knees
surat-menyurat to correspond/exchange letters
suruh *see* **menyuruh**
swasta privately owned

T

tabungan money box/savings account/savings
tak jadi didn't work out/didn't happen
tamasya view/scene/spectacle/performance
tanah ground/land
tanggul dike/embankment
tanyakan ask
tapi but (**tetapi**)
tawar offer/bargain
tekanlah press (a button)
teknik technical
teluk a bay
terang clear
terbakar burnt
terbentang to be spread out
tercetak printed
tergantung pada depends upon
terjatuh to accidentally drop/fall
terlekat stuck on
terlihat visible/able to be seen
terluang empty/vacant
terpaksa forced
terpengaruh to be influenced
terperinci in (fine) detail
tersebar to be spread out
tertumpah to spill (accidentally)
terus-menerus continually/without end
tiang pole
tikar mat of woven grass
tindakan measures/steps/action
tipis thin (cloth/clothing)
tonton *see* **menonton**
tradisional traditional
Tuhan God/the Lord
tujuan aim/purpose/objective
tukang kebun gardener
tulisan writing/written word
tunggal singular/solo
turun to descend/alight

U

ucapan greeting/expression
ukiran a carving
upacara ceremony
utama main

W

wajah a face
wakil deputy
Wakil Presiden Vice President
waktu terluang leisure time
warta berita news report
wartawan reporter/journalist
wawancara an interview
wayang golek wooden puppet
wilayah region

Y

yaitu that is (i.e.)
yakni that is/namely